SPONTANEITY

自动自发

邢延国◎编著

武汉出版社
WUHAN PUBLISHING HOUSE

(鄂)新登字 08 号

图书在版编目(CIP)数据

自动自发 / 邢延国编著. —武汉：武汉出版社，
2011.3（2019.6 重印）
ISBN 978-7-5430-5584-1
Ⅰ.①自… Ⅱ.①邢… Ⅲ.①企业 - 职工 - 修养
Ⅳ.① F272.92
中国版本图书馆 CIP 数据核字(2010)第 260188 号

书名：自动自发

编　　著：邢延国
本书策划：李异鸣
责任编辑：王圆圆
特约编辑：郭海东　周乔蒙
封面设计：莫　念
出　版：武汉出版社
社　址：武汉市江岸区兴业路 136 号　邮　编：430014
电　话：(027)85606403　85600625
http://www.whcbs.com　E-mail：wuhanpress@126.com
印　刷：北京京丰印刷厂　经　销：新华书店
开　本：880mm × 1230mm　1/32
印　张：6　字　数：149 千字
版　次：2011 年 3 月第 1 版　2019 年 6 月第 2 次印刷
定　价：39.80 元

自动自发

前 言

行走在职场，每一个人都渴望获得升职、加薪的机会，但是这些机会从何而来呢？我们常说："机会只垂青于那些有准备的人。"事实上的确如此，机会不能在等待中获得，也不能在投机取巧、溜须拍马中获得，而需要在积极行动、踏实苦干中获得。凡事唯有积极主动才能赢得机会，才能获得成功，消极和被动的人必然一事无成。

拿破仑·希尔曾经说过："自觉自愿是种极为难得的美德，它驱使一个人在没有人吩咐应该去做什么事之时，就能主动地去做应该做的事。"在一个公司或企业里，普通员工和优秀员工的根本区别就在于：是否能自动自发地去工作。普通员工一般会这么想："公司给了我什么？"而优秀员工则会想："我还能再为公司做些什么呢？"普通员工认为只要按时上下班，不迟到，不早退，做好自己的本职工作，就一切OK了，就可以心安理得地去领工资了。优秀员工则不然，他们认为工作首先是一个态度问题，工作需要热情和主动，工作需要勤奋和努力，对待工作需要一种自动自发的精神。职场如战场，无数事实证明，听命行事、服从精神固然非常重要，但是个人主动进取的精神更重要。自动自发去工作的员工，将获得工作所给予的更多奖赏。

由洛克菲勒创办的美国标准石油公司是当时世界上最大的石油生产商、经销商，那时每桶石油的售价是4美元，公司的宣传口号就是：每桶4美元的标准石油。他的公司中有一个名叫阿基勃特的基层推销员，无论外出、购物、吃饭、付账，甚至给朋友写信，只要有签名的机会，都不忘写上“每桶4美元的标准石油”。时间久了，同事们都开玩笑地称他为“每桶4美元”，而他的真名倒没有人叫了。

某天，洛克菲勒无意中听说了此事，说：“竟有职员如此努力宣扬公司的声誉，我要见见他。”于是邀请阿基勃特共进晚餐，对他的工作态度大为赞赏。

此后，洛克菲勒开始着意培养阿基勃特。又过了5年，洛克菲勒卸职，他没有将第二任董事长的职位交给自己的儿子，而是交给了阿基勃特。

这一任命，出乎所有人的意料，包括阿基勃特自己。其实，我们不应该感到意外，一个自动自发、把公司的前途和命运时刻放在自己心里的人，自然会得到老板的信赖，自然会被老板委以重任。后来的事实证明，洛克菲勒的任命是一个英明的决定，在阿基勃特的领导下，美国标准石油公司更加繁荣兴盛。

当你进入一个公司后，你便与这个公司拴在一起了，同呼吸共命运，息息相关，因此我们一定要抛开个体的观念，将自己融入这个集体、这个团队，共同努力，共同打拼，共同创造出更多的财富、积累更多的资本，这样，终有一天，我们会获得丰厚的回报。然而，现实情况是，很多人在经历了工作的新鲜期后，往往会对工作产生厌倦情绪，缺乏自动自发去工作的精神，工作起来没有激情，懒惰、拖沓、敷衍、不负责任，或者总是“这山望着那山高”，不时琢磨跳槽之事。诚然“水往低处流，人往高处走”，跳槽本身也是个人进取精神的一种体现，但频繁跳槽却会让人觉得你不值得信任，职业发展道路也会受到阻碍。

所以从现在开始，我们就要正视我们的工作，重新审视自己的定位，调整心态，自我激励，满怀信心地面对每一天，自动自发地去工作……

目 录

第一章 调整心态：做职场上的雄鹰

第二章 自我激励：为职场之路打开局面

第三章

自发工作：在职场中赢得先机

第四章

时间观念：让效益达到最大化

第五章

主动充电：提升自我，适应职场变化

第六章
不找借口：职场中用行动说话

第一章 调整心态：做职场上的雄鹰

一个人，倘若总是用失落、消极的心态对待生活和工作，那么，他将会时常感到力不从心，并且事事不顺；相反，如果能够以积极的心态来面对，哪怕是遇到困难，也会很容易化解。积极的心态具有一定的魔力，它可以帮助我们克服职场中的一切困难，从而将前途和命运牢牢地掌握在自己手中。

心态决定人生成败

以积极的心态立即行动，便可获得充实向上的人生。职业竞争表面上看是知识、能力、业绩的竞争，实质上却是职业心态和人生态度的竞争。积极的心态是比黄金还要珍贵、还要稀缺的资源。

所谓心态，就是我们对待万事万物的看法和态度，它是我们采取一切行动的基础，也决定我们用何种方式去创造我们的生活。

心态影响着人们对事物的看法。比如，两个口渴的人面对同样的半杯水，悲观者会说："真不幸，只有半杯水了。"而乐观者则会说："真好，还有半杯水呢！"引发快乐的原因，并不在于水量的多少，而在于人们看待问题的态度。

心态决定人生成败。人不能改变环境，但可以改变心态；人不能改变别人，但可以改变自己。态度决定出路，观念决定前途。失败者之所以失败的最大原因，就在于他们总是抱着失败的心态去面对一切。自卑、悲观、恐惧、忧虑、嫉妒、猜疑、贪婪……如同一道道"心墙"，阻碍着追逐成功的步履。

美国西点军校有一句名言："态度决定一切。"是的，在这个世界上，没有什么事情是做不好的，关键在于你的态度。事情还没有开始做的时候，你就认为它不可能成功，那它当然就不会成功，或者你在做事情的时候不认真，那么事情也不会有好的结果。没错，成败的原因归结为态度，你对一件事情持什么样的态度，你付出了多少，就会相应地出现什么样的结果。

三个年龄、技术都相仿的工人在砌一面墙。一位记者过来问："你们在干什么？"

第一个工人心不在焉地说："没看见吗？我在砌墙。"

第二个工人抬头看了一眼记者，说："我们在盖一幢楼房。"

第三个工人真诚而又自信地说："我们在建设一座城市。"

十年后，第一个工人仍然在一个工地上砌墙；第二个工人坐在办公室里画图纸，他成了工程师；第三个工人呢，成了一家房地产公司的总裁，是前两个人的老板。

态度决定高度，仅仅十年的时间，三个人的命运就发生了截然不同的变化，是什么原因导致了这样的结果？是态度！一个人有什么样的心态，就会有什么样的追求和目标。具有积极、乐观心态的人，其人生目标必然高远，有了高远的目标，必然会为之努力，"一分耕耘，一分收获"，有努力必有回报。

有时候看看我们的同学、朋友、战友、同事，当年都处于同一个起跑线上，可是，十年过去了，你也许会突然发现：有些人比你更出色、更优秀。你为此感到迷茫，甚至埋怨命运的不公。其实，那不是因为他们得天独厚，事实上你和他们一样出色。如果你今天的现状与他们不一样，只是因为你的精神与心态和他们不一样。他们可能只是比你更加积极、更加自信、更加阳光、更有勇气、更有意志力。

态度可以决定一个人的成长高度，干任何工作，干任何事情，都是如此。一个人的态度决定了他能否把这件工作、这件事情做得更完善、更完美。同时，也决定着一个人能否走上更高的职位。

毕业那年，四位同学受学校推荐去报社应聘，结果唯有他落选。

那三位同学进了报社之后，彼此默默地展开了竞争，每个人的发稿量均在报社中名列前茅，且不失颇具影响力的佳作。

这时，在某中学任教的他，时常感慨命运不济，否则，凭自己的文学功底，丝毫不会逊色于那三位同学的，而现在只能待在小小的校园里，看不到外面的精彩世界。

一日，他带领学生去大山深处探访一位剪纸老人。他惊讶于那位一生未曾走出大山又不识字的老人高超娴熟的技艺——只见他随手拿过一张纸，折叠几下，剪刀如笔走龙蛇，眨眼工夫，便魔术般地变出了一幅精致的作品。轻巧的构图、顺畅的线条，形态万千，那样自然、巧妙，又那样美观、大方。他和学生都看得目瞪口呆。

他禁不住问老人："您几乎足不出户，是怎么剪出这么漂亮的图案的？"

老人笑了："因为我心里有啊，心里有个精彩的世界，才能在手上表现出来啊。"

他怦然心动，原来，自己总以为只有面对精彩的世界，才能有精彩的创造。殊不知如果暗淡了心灵，即使面对再精彩的生活，也会熟视无睹的。

此后，他怀着满腔热情边教书、边写作，他的精美文章频频地出现在各类报纸杂志上，他利用寒暑假采写的纪实作品也连连获奖。

数年后，他又考取了研究生，成为一所高校里颇受同学敬佩的副教授，还是国内颇有名气的自由撰稿人，其成就早已远远超出了那三位当初让他羡慕不已的同学。

是的，精彩的是心灵，决定自己人生命运的是心态。心有多高，你就会飞多高。以积极的心态面对人生，你就可以达到原来无法企及的目标，冲破原来认为难以跨越的藩篱。世界上没有做不好的事，只有态度不端正、心灵不阳光的人。做任何事情，都要有一个好的态度。就个人而言，职业竞争表面上看是知识、能力、业绩的竞争，实质上却是职业心态和人生态度的竞争。积极的心态是比黄金还要珍贵、还要稀缺的资源，积极的心态是个人最核心、最根本的竞争力。以积极的心态立即行动，便可获得充实向上的人生。

保持主人翁的心态

无论做哪项工作，都要有一种主人翁的意识和态度，不能有“当一天和尚撞一天钟”的想法，以这两种思维做事，得出来的结果是完全不同的。

在职场中，员工健康的心态包括很多种，其中一种就是主人翁心态。无论是企业CEO，还是部门经理；无论是业务主管还是普通员工，如果你认为公司是你自己的“船”，那么你的命运就与公司的命运紧紧地联系在一起了。这就告诉我们，无论做哪项工作，都要有一种主人翁的意识和态度，不能有“当一天和尚撞一天钟”的想法，以这两种思维做工作的结果是完全不同的。有了主人翁的心态，才能真正做主人。

我们常说：“皮之不存，毛将焉附。”是的，一个企业，如同一个民族，当它强大时，它的人民才会扬眉吐气；当它衰败时，人们可能只能暗自嗟叹。从这个角度上来说，应该把企业当成一种力量的源泉、生命的支撑，视企业如生命，与企业共命运。

也许很多人会说，我只是公司的一个员工，一个打工者，干好分内的工作就可以了，何需主人翁心态？其实不然，虽然你不是公司的老板，但你却是某个岗位的主人。如果你仅仅将自己定位为打工者的话，遇到难事就会躲着走，不愿意多干一点，殊不知这种情况下，你就少积累了一次经验，也就等于放弃了一次技能提升的机会。要知道，知识、经验、技能的提升和报酬的提升往往都是成正比的。换句话说，当我们认为这件事“与自己无关”时，我们就不会为此件事动脑筋、想办法、费时间、花精力。因为我们大多数人都看不到“与自己无关”的事会给自己带来什么好处，对自己有什么价值，我们被自己认识层面的盲点欺骗了！

“注意你的思想，它会成为你的语言；注意你的语言，它会成为你的行为；注意你的行为，它会成为你的习惯；注意你的习惯，它会成为你的性格；注意你的性格，它会成为你的命运！”我们的命运是由我们不注意的一点一滴所掌控的，无论如何你一定要明白，在公司这条“船”上，你是主人，不是乘客，公司的荣誉、公司的盛衰成败都和你自己有着紧密的联系，否则最终蒙受巨大损失的兴许还是你自己！

有个老木匠准备退休，他告诉老板，说要离开建筑行业，回家与妻子儿女共享天伦之乐。

老板舍不得他的好员工走，问他是否能帮忙再建一座房子，老木匠说可以。但是大家后来都看得出来，他的心已不在工作上，他用的是细料，出的是粗活。房子建好的时候，老板把大门的钥匙递给他，说：“这是你的房子，是我送给你的礼物，为答谢你这么多年为公司所做出的贡献。”

老木匠震惊得目瞪口呆，羞愧得无地自容。如果他早知道是在给自己建房子，他怎么会这样呢？现在他得住在一幢粗制滥造的房子里！

我们又何尝不是这样。我们漫不经心地“应付”我们的工作，不是积极行动，凡事不肯精益求精，在关键时刻不能尽最大努力。等我们惊觉自己的处境，早已深困在自己建造的“房子”里了。退一步讲，或许你具备了主人翁心态仍然不能改变打工的事实，但你如果想要成功就应该时刻这样想：即使是打工，我也首先是为自己打工。虽然我不一定是企业的主人，但是，我要为我的职业生涯之路而努力。把工作上的事当成自己的事，用一种积极、负责、奉献、坚持、永不言败的心态去做好工作，长期坚持，你一定会有意想不到的收获。

某公司的副经理王佳平常总是主动加班，被其他职员嘲笑具有“奉献精神”，是现代职场的“活雷锋”。虽然他的综合能力不是公司最强的，但是他的责任心引起了董事长的注意，于是毅然决定提升他做经理。

以公司为家是一种积极的工作态度，放弃自己狭隘的想法，竭尽全力去工作，不仅帮了企业，也实现了自己的人生价值。在具体的工作岗位上，我们还应不断地钻研业务技术，不断地修补自己业务技术上的“短板”，时刻提醒自己，努力的受益者最终也会是努力者本人。

总之，如果我们以“主人翁心态”思考、做事，我们和公司（团队）最终会达到“双赢”的境地！

带着感恩的心去工作

在职场中，当你以一种感恩的心态去工作时，你会工作得更愉快、更有效率！

“感恩”一词最初的本意是要信徒感谢主为了拯救世人所做出的牺牲（被钉在十字架上），感谢主的慈爱与宽容，感谢兄弟姐妹的支持与帮助等。《牛津字典》给“感恩”的定义是：乐于把得到好处的感激呈现出来并且回馈他人。有人说：“所谓幸福，就是有一颗感恩的心、一个健康的身体、一份称心的工作、一个深爱你的人、一帮与你同舟共济的同事。”为什么将感恩作为构成幸福的第一要素？这主要是因为感恩能够使人们逐渐变得仁爱、宽容起来，并减少人与人之间的摩擦，化解人与人之间的矛盾，缩短人与人之间的距离，增强人与人之间的合作。

感恩如同阳光一样，能够给我们带来温暖。不管我们从事什么工作，不管我们是社会哪个阶层的人，不管我们是贫穷还是富有，只要长存一颗感恩之心，我们就会拥有一切美好的处世品格。自然而然地，我们的生活中便会出现一处又一处动人的风景。

有一位单身女子刚搬了家，她发现隔壁住了一户穷人——一个寡妇与两个小孩子。有天晚上，那一带忽然停了电，那位女子只好自己点起了蜡烛。没一会儿，忽然听到有人敲门。

原来是隔壁邻居的小孩子，他紧张地问："阿姨，请问你家有蜡烛吗？"女子心想："他们家竟穷到连蜡烛都没有吗？千万别借他们，免得被他们缠上了！"

于是，对孩子吼了一声说："没有！"正当她准备关上门时，那个穷小孩微笑着轻声说："我就知道你家一定没有！"然后，竟从怀里拿出两根蜡烛，说："妈妈怕你一个人住又没有蜡烛，所以让我带两根来送你。"

此刻，女子自责、感动得热泪盈眶，将那小孩子紧紧地拥在怀里。

爱默生说："人生最美丽的补偿之一，就是人们在真诚地帮助别人之后，也帮助了自己。"所以，我们应该伸出自己的手去帮助别人，而不是伸出脚去试图绊倒他们。职场中也是如此，当你以一种感恩的心态去工作时，你会工作得更愉快、更有效率！

邢路是某知名广告公司的一名设计师，有一次被公司总部安排前往德国工作。与国内轻松、自由的工作氛围相比，德国的工作环境显得紧张、严肃并有紧迫感，这让邢路很不适应。

邢路向上司抱怨："这边简直糟透了，我就像一条放在死海里的鱼，连呼吸都很困难！"上司是一位在德国工作多年的中国人，邢路的心情，他完全能够理解。

"我教你一个简单的方法，每天至少说20遍'我很感激'或者'谢谢你'，记住，要面带微笑，要发自内心。"

邢路抱着试试看的态度，一开始觉得很别扭。可是几天下来，邢路觉得周围的同事似乎友善了许多，而且自己在说"谢谢你"的时候也越来越自然，因为感激已经像种子一样在他心里悄悄发芽生根。

渐渐地，邢路发现周围的环境并不像自己想象中的那样糟糕。

到后来，邢路发现在德国工作是一件既能磨炼人又让人感到愉快的事情，是感恩的态度改变了这一切！

感恩是一种积极的心态，当你微笑而真诚地说出“谢谢你”“我很感激”这些话之后，你就已经在自己和别人的心里种下了感恩的种子，这是比任何物质奖励都宝贵的礼物！

感恩会让我们更加具有敬业精神。带着感恩的心去工作，你就会懂得，工作不光是我们谋生的手段，更是我们成长和实现自我价值的一个平台。没有了这个平台，我们的能力就无从体现，因此我们也会更加努力地去工作。

感恩会让员工和老板之间的关系变得真诚。员工真诚地感恩于公司的培养，老板真诚地感恩于员工的付出，员工与老板之间的配合就会默契，一种雇用与被雇用的关系，就会变成朋友之间真诚的合作关系。

感恩会让我们拥有良好的人际关系。一个一辈子不犯错误的员工不是好员工，一个第二次犯同样错误的员工仍然可能是个好员工。感恩会让我们变得宽容，与同事和谐相处。所以，感恩会让我们拥有良好的人际关系。

感恩是一种处世哲学，是生活中的大智慧。无论是在生活中，还是在职场中，我们都应该时刻怀抱一颗感恩的心，这是一种向上的力量，会使我们一步步地走向卓越和成功。而且我们不应该只对给过我们关心、帮助和掌声的人怀抱感恩之心，对那些伤害过我们的人，我们也应该学会感恩，正是由于他们的存在，才让我们对这个世界有了一个更深刻的认识。我们不仅要学会用一颗感恩的心去体味真情，更要学会用一颗感恩的心去驱逐伤害。

拥有一个不抱怨的世界

人们对自己的生活和工作总是充满了各种各样的抱怨，唯独没有抱怨自己：我为什么总是有这么多的抱怨呢？其实，你一定要相信：只要你做得好，工作就会给你回报。拥有一个不抱怨的世界，你会赢得一切。

在这个快节奏、高效率、竞争激烈的社会中，人们常常会受到内外环境的强烈影响，出现情绪上的波动，进而我们常常可以听到各式各样的抱怨：抱怨老板太吝啬，只知道让员工埋头苦干，却从不给他们升职和加薪的机会；抱怨付出太多，薪水太低；抱怨考核制度不公平，管理混乱……唯独没有抱怨自己：我为什么总是有这么多的抱怨呢？

心理医生指出，抱怨是一种情感发泄的正常行为，有不满情绪过于压抑不行，但发泄过度，没完没了地抱怨同样不好，非但解决不了任何实际问题，还不能达到宣泄情感、令人心情愉快的目的，反而会让人陷入负面情绪里。因此，一味抱怨，倒不如积极地完成工作。

2006年夏，美国著名的心灵导师威尔·鲍温发起了一项“不抱怨”运动，他邀请每位参加者戴上一个特制的紫色手环，只要一察觉自己在抱怨，就将手环换到另一只手上，以此类推，直到这个手环能持续戴在同一只手上21天为止。“不抱怨”运动用一只手环向我们传递了“抱怨不如改变”的生活理念。据了解，“不抱怨”运动开展不到一年，全世界就有80个国家、600万人积极参与了这项运动，学习为自己创造美好的生活，让这个世界充满平静喜乐、活力四射的正面能量。《不抱怨的世界》一书当然也风靡全球。

威尔·鲍温在书中指出："抱怨是最消耗能量的无益举动。"事实上的确如此，在工作中，当你心里满怀抱怨和不满时，你就只会考虑自己需要什么，却从来不去想别人给过你什么。在公司里，你什么也看不惯，觉得什么都不如意，因此终日怨气冲天、牢骚满腹，总觉得老板亏欠自己，从来不曾感觉到公司为你所付出的一切。因此，你便会轻视自己的工作，而且做事很马虎。如此一来，你就更没有可能得到老板的重视和提拔了。领导分派同样的任务，有的人不抱怨，积极努力地去完成；有的人稍微抱怨之后也能想办法去完成它；而有的人则充满了抵触情绪，不断找各种理由去抱怨，这就是一种消极的逃避行为了。作为员工，对工作应该具有较好的执行力，而不是一味抱怨。拥有一个不抱怨的世界，你会赢得一切。

汤姆是一名修理工，在经济不景气时，他和几名同事一起接到了老板的解聘通知书。面对这一无情的打击，早就对老板怀有怨恨的几名同事跑到老板那里，对老板进行了一番辱骂，临走时还踹破了公司的大门。老板很理解这些失业者的心情，因此没有和他们过分计较，但令老板吃惊的是，在解聘的人当中，唯有汤姆没有参与这次"辱骂"行动，他便决定找汤姆问个明白。

当老板找到汤姆时，他还穿着那身油腻的工作服，正在车间修理一台机器；那认真工作的劲头，像没有接到解聘书一样。

"你不怨恨我吗？"老板问。

"哦，不，先生。我一直都非常非常感激你，感激你为我提供了这个工作机会，而你今天之所以这样做，我想是因为公司受大环境的影响，我相信你做出这个决定也是迫不得已的。因此，我很理解你，也很同情公司目前的处境。你看，现在离下班时间还有半个小时，我得抓紧时间干完活儿再走。”汤姆说完，又埋头工作起来。

3个月后，正在街头寻找工作的汤姆忽然接到了前任老板的电话，说公司经济开始好转，只要他愿意，马上可以回去上班。当汤姆兴奋地回到公司时，才发现这次公司只招聘了他一个人，而当初和他一起被解雇的同事，现在依然在人才市场上奔波。

阿里巴巴的马云曾说：“永不抱怨的人生态度才是第一位的。”毫无疑问，汤姆之所以再一次得到这份工作，与他不抱怨的态度是分不开的，因为不管在什么情况下，他始终如一地感激自己的老板，而不是把他当成自己的对立面，不把他当成自己的敌人。因此，如果你有意见要和老板及时沟通，即使遭到解聘，也要体谅老板的处境，要礼貌地离开公司；即使心存不满，也不要让自己的情绪任意发泄，更不能当众辱骂老板，你的辱骂只会让你显得不成熟、缺乏理性罢了。

世界首富比尔·盖茨曾经说过：“人生是不公平的，习惯去接受它吧。请记住，永远都不要抱怨！”这个世界没有绝对的公平，一味地追求绝对的公平，只会导致心理严重失衡，使自己变得浮躁不安。下次，当你想抱怨时，最好也能好好地反省一下自己，老板真的如你想象中的那样无情无义、无知无能吗？自己就真的有那么多的不如意和委屈吗？或者退一步想，如果没有老板和他领导的公司，也许你就没有现在的这个工作岗位，也就没有发挥自己才能的平台。因此，你应该感谢老板，至少他为你提供了一个工作的机会，一个让你得以生存发展的机会。与此同时，你应该多考虑自己的责任，不要总是认为老板在算计你、剥削你，对你不怀好意。你要相信：只要你做得好，工作就会给你回报，与其抱怨，不如改变心态，努力工作。只有不抱怨的人，才是最快乐的人；只有不抱怨的世界，才是令人向往的世界。

驾驭好自己的情绪

如果把人生比作波涛汹涌的海洋，那么人就是那远航的船，而情绪无疑是那船上的帆。我们只有适时地调整帆的方向，也就是学会控制自己，才能朝着正确的方向行驶。

快速的生活节奏、巨大的工作压力，使得现代人的心理承受能力变得十分脆弱。再加上很多人并不善于用合理的方式释放自己的不良情绪，所以，很多时候不良情绪就被他们带入到了工作中。而不好的情绪会使人心烦意乱，常常拿身边的人和事发泄，往往把不该搞砸的事情搞砸。美国耶鲁大学管理学院研究发现，1/4的上班族经常生气。耶鲁大学组织行为教授巴萨德也强调：经常生气就像不断的小感冒，严重影响工作表现。因此，在工作中，我们一定要注意驾驭好情绪这匹野马。

某公司董事长为了重整公司一切事务，许诺自己将早到晚回。有一次，他在家里看报纸看得太入迷以至于忘了时间，为了不迟到，他在公路上超速驾驶，结果被警察开了罚单，最后还是误了时间。这位董事长愤怒至极，回到办公室时，他将销售经理叫到办公室无缘无故地训斥了一番。销售经理莫名挨训之后，气急败坏地走出了董事长办公室，将秘书叫到自己的办公室并对他挑剔一番。秘书无缘无故被人挑剔，自然是一肚子气，就故意找接线员的茬。接线员无可奈何垂头丧气地回到家，

对着正在看电视的儿子大发雷霆。儿子莫名其妙地被父亲痛斥之后，也很恼火，便将自己家里的猫狠狠地踢了一脚，猫便命丧黄泉。

以上就是心理学上所说的“踢猫效应”。一般而言，人的情绪会受到环境以及一些偶然因素的影响，当一个人的情绪变坏时，潜意识会驱使他选择下属或无法还击的弱者发泄。受到上司或者强者情绪攻击的人又回去寻找自己的出气筒。这样就会形成一条清晰的愤怒传递链条，结果是“猫”这个最弱小的群体成为最终的受害者。

其实，作为一个企业或团队的领导者，保持良好的风度，做到“入局而不为局势所迷”是非常重要的。风度是什么？举止潇洒、言谈儒雅，这只是表面理解。风度的实质是：对己，在压力下能保持从容的心态，面对突发事件较好地控制情绪；对人，能做到与人为善，真诚，宽容，大度，不斤斤计较，不迁怒于人。那些面对强大对手仍能“羽扇纶巾，谈笑间，樯橹灰飞烟灭”的将帅，那些自己承受着巨大的精神压力仍能为大众呐喊“安得广厦千万间，大庇天下寒士俱欢颜”的人，才是真正值得尊敬的人。总之，一个人，经常迁怒于人，经常向周边释放消极的因子，导致所处环境恶化，是不能称得上是真正意义的成功的。

在职场中，我们还非常容易发现，许多人在受了批评之后，不是冷静下来想想自己为什么会受批评，怎样加以改正和弥补，而是心里面很不舒服，总想找人发泄心中的怨气。其实这是一种没有接受批评、没有正确地认识自己错误的表现。受到批评，心情不好这当然可以理解，但受了批评之后产生“踢猫效应”，这不仅于事无补，反而容易激发更大的矛盾。生活中，我们每一个人都不可能永远不犯错误。犯了错误以后吸取教训、从善如流，这才是最好的工作态度。

顾客指着面前的杯子，对服务小姐大声喊道：“小姐，你过来！你看看，你们的牛奶是坏的，把我的一杯红茶都糟蹋了！”

服务小姐一边赔着不是一边说："真对不起！我立刻给您换一杯。"

新红茶很快就准备好了，碟边放着新鲜的柠檬和牛乳。

服务小姐再把这些轻轻放在顾客面前，又轻声地说："我能不能建议您，如果放柠檬，就不要加牛奶，因为有时候柠檬酸会造成牛奶结块。"

顾客的脸一下子红了，匆匆喝完茶，走了出去。

在旁边的一个顾客看到这一场景，笑问服务小姐："明明是他的错，你为什么不直说呢？"

服务小姐笑着说："正因为他粗鲁，所以要用婉转的方法对待，正因为道理一说就明白，所以用不着大声。理不直的人，常用气壮来压人；理直的人，要用和气来交朋友。"

服务小姐的工作态度想必会让我们每一个人都钦佩不已，因为平日里遇到矛盾和纠纷，我们可能根本无法控制自己的情绪，继而做出一些事后后悔不已的事情来。其实，当我们情绪不好时，最好不要急于去做自己计划中的重要工作，而应该先调节好自己的情绪。调节的方法有很多，比如：尽快离开当时的环境，避免进一步刺激，使不良情绪消退；将心中的愤懑、不平向人倾诉，从亲朋好友处得到规劝和安慰，以缓解怒气；适时地向使自己愤怒的人说明自己的不满，说出自己的意见，使矛盾得以调和，而不是越积越深。

如果把人生比作波涛汹涌的海洋，那么人就是那远航的船，而情绪无疑是那船上的帆。我们只有适时地调整帆的方向，也就是学会控制自己，才能避免有可能发生的"船毁人亡"，阻止甚至可能由此带来一系列不良因果链的产生。

保持谦逊，不要张扬

在竞争激烈的社会大熔炉中，为人处世，要适时保持谦逊，切忌飞扬跋扈、锋芒毕露，这样会让我们少受很多不必要的伤害。

伟大领袖毛泽东曾经说过：“虚心使人进步，骄傲使人落后。”谦虚就是有自知之明，是一种有修养的表现。一个人只有谦虚，才会让别人尊重。谦虚的人常常会把自己摆在较低的位置，向他人学习自己身上不具备的优点，取人之长，补己之短；骄傲的人，常常将自己置于他人之上，张扬、自满的情绪自然会侵蚀他谦虚的本性，使自己陷入虚荣的包围圈。孔子曾经说过：“世上绝顶聪明的人，应当用持重（举止谨慎稳重）保持自己的聪明；功誉天下的人，应当用谦虚保持他的功劳；勇敢无双的人，应当用谨慎保持他的本领；才华横溢的人应当用退让来减少自满。”这也告诉我们，在生活中，尤其是在竞争激烈的社会大熔炉中，为人处世，要适时保持谦逊，切忌飞扬跋扈、锋芒毕露，这样会让我们少受很多不必要的伤害。

“饱满的稻穗，往往是下垂的；低俯之草，往往更经风霜。”在历史上，凡是有所成就的人，无不时时刻刻保持着谦逊的姿态。古希腊著名的哲学家苏格拉底，才华横溢，著作等身，每当人们赞叹他学识渊博、智慧超群的时候，他总是谦逊地说：“我唯一知道的就是我自己的无知。”牛顿是一位有多方面成就的伟大科学家，然而他却非常谦逊。对于自己的成功，他谦虚地说：“如果我见得比笛卡尔要远一点，那是因为我站在巨人的肩上的缘故。”他还对人说：“我只像一个在海滨玩耍的小孩子，有时很高兴地拾着一颗光滑美丽的石子儿，真理的大海还是没有发现。”科学巨匠爱因斯坦说自己“真像小孩一样幼稚”。扬名于世的音乐大师贝多芬，谦虚地说自己“只学会了几个音符”……谦逊是终身受益的美德。在工作中也是如此，锋芒太露，必遭人忌。我们常常见到有一些人，稍有成就便得意忘形，以为自己绝顶聪明，别人都算不得什么。殊不知，树敌太多，事事必受他人阻挠。也有一些人认为，工作时一定要突出自己的能力，只有这样才能坐稳自己的位置，因此，在工作中处处争强好胜，把自己的能耐表现出来。但他们没有想到欲速则不达、过犹不及，处处锋芒毕露只能引起同事的反感，成为办公室里令人反感的“中心人物”。

有人说：“办公室是闲话的滋生地。”这话一点也不假，如果你想在职场中立于不败之地，首先就要明白“逢人只说三分话”的道理，尤其要注意谨言慎行，放低姿态，保持低调，这是自我保护的良方，也是保持心情舒畅的秘诀，否则就会被淘汰出局。汉朝时的贾谊就是一个例证。

贾谊，西汉政治家、文学家。18岁时，就以博学能文而闻名于郡中，得到郡守吴公的赏识，收为弟子。文帝即位后，因吴公的推荐，任为博士，掌文献典籍。其时，贾谊不过20多岁，在博士中最为年轻，但以见识和议论，受到了文帝的重视，不到一年，被擢升为太中大夫。朝廷上许多法令、规章的制定，都由他主持进行。

但是，满腹才华的贾谊对于社会的复杂性一点也不了解。因此他在朝廷上总是无所顾忌，每有诏议下达，老臣们口不能言，贾谊逞能展才，替大家一一回答，跟大家所想的意思一样。刚开始的时候，诸位老先生还认为他有才能，后生可畏。

但是，久而久之，贾谊的主张终于引起了部分朝中重臣的不满。他们以“洛阳之人，年少初学，专欲擅权，纷乱诸事”（一个洛阳人，年纪轻轻，刚学习便独断专行，所有的成法都让他翻得一团糟）的流言，动摇了文帝对贾谊的信任，结果文帝让贾谊离开长安，去做长沙王的太傅。

被后世人称为“洛阳才子”的贾谊确实是辅佐帝王的人才，常常居安思危，倡导改革，这固然是在为国家利益着想。但是，他大有锋芒毕露的味道，少年得志，心气就高，又不熟谙官场的游戏规则，以至于栽倒在官场的厮杀之中，可悲更可叹。这也提示我们职场人士，任何事情都有它的规则，一个人，不管自身能力有多强，都要时时刻刻保持谦逊，一个谦逊的人才是一个真正懂得积蓄力量的人。谦逊不仅能够使人保持低调，向人学习，更重要的是能够使人接受批评。对于员工来讲，要能够接纳领导的批评，因为领导对你的批评大多是出于一种公心或希望你能有所长进，如果有错而不能认真地对待，或是千方百计地为自己找一些“理由”，这样势必给领导留下一种自高自大或是不负责任的印象，因而丧失很多机会。一个人犯点错并不可怕，可怕的是没有接受批评和改过的勇气。

有一句谚语说：“天使能够飞翔是因为把自己看得很轻。”对于个人来说，要飞翔就需要谦虚谨慎地工作、学习，不要把自己看得太重。当然了，这并不等于说，要一味去遮掩和埋没自己的能力和才华，“该出手时当出手”。

放下孤傲的心态

“花要半开，酒要半醉”，凡是鲜花盛开万分娇艳的时候，不是立即被人采摘而去，就是衰败的开始。人生也是一样。

做人切忌恃才自傲，不知饶人。锋芒太露易遭嫉恨，更容易树敌。当今社会，此理仍然。你不露锋芒，可能永远得不到重任；你锋芒太露却又易招人陷害。露了锋芒虽容易取得暂时成功，却为自己掘下了坟墓。当你施展自己的才华时，也就埋下了危机的种子。所以才华显露要适可而止。

世界上总有这么一些人，总是会因为过于高估自己而忽略了尊重别人，却不想想一个人只凭自己的才能是成就不了事业的，任何事业都是许多人合作而完成。如果你不知道应该在适当的时候闭上嘴巴，或者是在心里缺乏对别人的敬意，那么你的事业必然是一无所成。

唐代花间派词人的代表人物温庭筠，是宰相温彦的后代，他才思过人，名词佳句传遍天下。但是他一生落魄坎坷，屡试不第，时乖命蹇，造化弄人，只好流落于江淮之间，潦倒一生。究其原因，就是因为他不懂得为人处世的基本道理，不知道如何与人相处，结果是空误了满腹才情，终其一生大事无成。

温庭筠在诗文辞赋上费尽了苦心，但却不注意自己的穿着仪容，嗜酒好赌，经常与一些无赖子弟聚赌生事，动辄喝得醉醺醺。因为他的形象不堪入目，人送外号“温钟馗”，由此可知他是何等地不注意修身。虽然温庭筠小节不修，但江淮的一个官员姚勖却非常怜惜他的才华，送给他一笔银子，用以资助他求学上进。不想温庭筠却把这些钱全都花在了寻花问柳上，虽然是文士风流，但终究有负姚勖的期望。于是姚勖非常生气，就把温庭筠叫来打了一顿板子，希望温庭筠能够改过自新。

实际上，温庭筠屡试不第，原因在于他考试的时候喜欢作弊。以他的才情，就算是闭着眼睛，也能中举。可是他每次答完了自己的试卷之后，就替别的考生答卷，而且一答就是数人，所以他又有一个“救数人”的外号。考官沈侍郎虽然知道他不守规矩，但还是不忍心因此而失去这个人才，就有意将他的座位单独安排。但温庭筠习性不改，竟然一次性给八个考生口述答卷，到了这种地步，考官只能剥夺他的进士资格。

像温庭筠这样倚仗自己有才有能，却不明白为人处世的基本道理，凡事只论人之过，闲时招惹是非，是社会生存之大忌。所以当子张问起如何在官场上谋生的时候，孔子指点他说：凡事要多看、多学、多经验多体会，不要轻易表露自己的疑问，任何时候也不可以轻率地表达自己的态度和观点，因为你任何形式的表达都有可能引发别人的不安心理。所以少说话，多用两只眼睛看，是人生成功的不二法门。

所以，无论你有怎样出众的才智，但一定要谨记：不要把自己看得太了不起，不要把自己看得太重要，不要把自己看成是救世济民的圣人君子，还是收敛起你的锋芒，掩饰起你的才华吧。

现在的许多年轻人通常会高估自己，有些人根本没有一技之长，却不愿意干简单普通的工作；许多大学生刚刚毕业就以为自己是人才了，就希望社会能争相高薪聘请，有时甚至有单位来聘用还挑三拣四不愿意去，宁愿什么也不干，也不愿意像其他普通劳动者一样去工作。

有一位博士在找工作时，被许多家公司拒之门外，万般无奈之下，博士决定换一种方法试试。他收起所有的学位证明，以一种最低的身份再去求职。不久，他被一家电脑公司录用，做一名最基层的程序录入员。没过多久，上司就发现他才华出众：他竟然能指出程序中的错误，这绝非一般录入员所能比的，这时，博士亮出了自己的学士证书，老板于是给他调换了一个与本科毕业生对口的工作。过了一段时间，老板发现他在新的岗位上也游刃有余，能提出不少有价值的建议，这比一般大学生高明，这时博士亮出自己的硕士身份，老板又提升了他。有了前两次的事情，老板也比较注意观察他，发现他还是比硕士有水平，就再次找他谈话。这时博士拿出博士学位证明，并说明了自己这样做的原因，老板恍然大悟，毫不犹豫地重用了他。

在社会上适当对人低头，放下孤傲的心态，不失为一种策略。当你遇到一个很低的门的时候，你昂首挺胸地过去，肯定要给脑袋碰出一个包来，明智的做法只能是弯一下腰、低一下头，你就会很自然地走过去了。

因此，学会在适当的时候，保持适当的低姿态，绝不是懦弱的表现，而是一种智慧。放低姿态既是一种态度也是一种作为，学习谦恭，学习礼让，学习盘旋着上升，这既是人生的一种品位也是境界，它让我们脚踏实地地攀上成功的高峰。

学会缓解工作压力

压力是一把“双刃剑”，我们要正确地“管理”自身的压力。在工作中，当压力过大时，要学会缓解压力。

当今社会，压力是现实环境的产物，它是客观存在的。承认压力，正视压力，进而冲破压力，这才是强者的风范。

每天，当太阳升起来的时候，非洲大草原上的动物们就开始奔跑了。

狮子妈妈在教育自己的孩子：“孩子，你必须跑得再快一点，再快一点，你要是跑不过最慢的羚羊，你就会活活饿死。”

在另外一个场地上，羚羊妈妈也在教育自己的孩子：“孩子，你必须跑得再快一点，再快一点，如果你不能比跑得最快的狮子还要快，那你就肯定会被它们吃掉。”

“物竞天择，适者生存”，不努力奔跑就会惨遭厄运。21世纪是知识爆炸的世纪，和平与发展成为当今时代的主题，然而激烈的竞争好比残酷的战争，使每一个职场中的人士深感压力重重。我们常说：“有压力才会有动力。”这话固然不错，却并不全面。因为不同的人所能承受的压力是不一样的。在人们可以承受的范围内，压力可以产生积极的作用，激发人的热情和创造力，使人努力进取，收获累累。然而一旦压力超过人所能承受的范围，人们就会表现出消极的情绪和行为，如忧虑、失眠、暴躁、酗酒、对抗等。因此我们一定要认识到压力是一把“双刃剑”，我们要正确地“管理”自身的压力。

有一则小寓言故事说，有一种小虫子，很喜欢捡东西，在它所经过的路上，只要是能碰到的东西，它都会捡起来放在背上，结果可想而知——小虫子被压死了。

人不是小虫子，但人在社会生活中的所作所为又像极了小虫子，只不过背上的东西变成了“名”“利”“权”。职场中的人们也是如此，总是贪求太多，对自己的要求过于苛刻，夜以继日地加班，不辞辛苦地努力向上“爬”，把重负一件一件地压在自己的身上，也压在了自己的心上。

据相关的研究资料显示，当代职业经理人工作情绪不良，压力指数上升，心理疾患频发，并引发各种症状：容易疲劳、沮丧、失眠、记忆力衰退、工作效率降低等，这已经危及身心健康，成为许多经理人从成功走向卓越的屏障。因此，游刃职场，一定要学会取舍，学会轻装上阵，学会善待自己，凡事不跟自己较劲，具体建议如下：

1.了解压力产生的原因。到底是什么压垮了你？是烦琐的工作事务？是人际关系？还是其他什么？如果不能发现问题的症结所在，那么你就不可能解决问题。如果你不能确定自己深感压力和倦怠的原因，那就有必要求助于专业人士或者机构，如心理医生。

2.分散工作压力。可能的话把工作进行分摊或是委派，以减小工作强度。千万不要陷入这样一个可怕的泥潭当中：认为自己是唯一能够做好这项工作的人。如果这样的话，你的同事和老板或许也会有同感，于是就会把工作尽可能都加到你的身上。这样你的工作强度就要大大增加了。

3.善于在工作的过程中适当休息。废寝忘食虽然是一种值得钦佩的敬业精神，但是劳逸结合也必不可少。工作的过程中一定要注意适时休息一下，站起来活动活动，做做深呼吸，呼吸一下新鲜空气，等等，这可以使你放松大脑，防止压力的形成，也有助于身体健康。

4.不要把工作视为全部。当你的大脑一天到晚都在想工作的时候，工作压力自然而然就到来了。因此一定要平衡一下生活，分出一些时间给家庭、朋友以及发展自己的业余爱好等，最重要的是娱乐，娱乐是缓解压力的良方。

5.建立良好的办公室关系。与同事建立有益的、愉快的合作关系；与老板建立有效的、支持性的关系，理解老板的问题并让老板也理解你的问题，了解自己和老板在工作中的权利和义务。

6.接受不能改变的。辨别一下你能控制和不能控制的事情，然后把这两类事情分开，并列出清单。一天的工作开始时，告诉自己：不管是工作中的还是生活中的事情，只要是自己所不能控制的就由它去吧，不要有过多的考虑，给自己平添无谓的压力。

总而言之，压力可以转化为动力，也可以摧残人的才华和意志，我们需要做的仅仅是给自己施加适度的压力，当压力过大时，要学会缓解压力。

第二章　自我激励：为职场之路打开局面

生活对于每个人来说都是公平的。有的人在一帆风顺的条件下，慷慨陈词，信心百倍，可是一遇到逆境便萎靡不振，如霜打秋叶一般，这就是缺乏自信的表现。这时我们最需要的就是自我激励，同时也要改变对生活的世俗偏见。唯有如此，我们才会激发出自己体内的无限潜能。

自我鼓励是自信的源泉

“狂人”李敖说过：“大丈夫不能靠别人的掌声而活，大丈夫要自己给自己鼓掌。”自我鼓励的人生哲理即在于此。

自我鼓励，就是自己鼓励自己战胜困难，向更高更远的目标前进。自我鼓励的精神，表现了一个人战胜困难的自觉性和主动性，是一种积极、奋发、向上的心理状态。纵观古今中外，一切在生活和事业上摘得丰硕果实的人士，都是善于自我鼓励的人。

青年楷模张海迪，5岁时因病而瘫痪，可是，她并没有在轮椅上虚度时光，也没有沮丧和沉沦，而是不断地进行自我鼓励，以顽强的毅力和恒心与病魔做斗争，经受住了严峻的考验。她虽然没有机会走进校门，却发奋学习，学完了小学、中学全部课程，自学了大学英语、日语、德语等多种语言，并攻读了大学和硕士研究生的课程。为了对社会做出更大的贡献，她还先后自学了十几种医学专著，同时向有经验的医生虚心请教，学会了针灸等医术，为群众无偿治疗达1万多次。

法国著名作家巴尔扎克，年轻时做事浮躁，经营出版印刷业破了产，欠下了巨额债务，几乎陷入了绝境。但是，他没有颓丧沉沦，而是认真总结教训，充分运用自我鼓励的手段，重新振作，发挥自己在文学创作方面的潜能，终于成为一代文豪。

现实生活中，每个人都渴望得到他人的赞美和欣赏，有句谚语说：“如果你给猪戴高帽，猪也会爬树。”这句话听起来有些不雅，但说明了这样一个道理：当一个人的才能得到他人的认可、赞扬和鼓励的时候，他就会产生一种新的向上的力量。但是，一个人在自己事业的开始阶段，是很少能得到别人的赞赏的，相反，碰到更多的可能是责难、讥讽和嘲笑。难怪有人说：“成长的最大悲哀就是当你长大成人后，在你取得辉煌成就时，鲜花和掌声会纷至沓来，然而当你遭遇挫折、陷入失败时，却很少有人会安慰你，鼓励你重新站起来。”或者我们也可以说，别人的鼓励是极其有限的，只有自己给自己的鼓励，才是取之不尽的成功动力。日本的邮政大臣野田圣子从一位普通的清洁女工一跃成为日本的主要官员，靠的就是这种自我鼓励的方法。

野田圣子当年从事的第一份工作是在宾馆洗厕所，可想而知当时正值青春妙龄的她是如何应对这份看起来“低贱”、做起来“肮脏”的工作的。她也有过痛苦、失落，也有过放弃的念头，但经过一番认真的思考后，她想通了这样一个道理：就算一辈子都洗厕所，也要做一名洗厕所最出色的人！她不断地激励自己，鞭策自己，并给自己制定了严格的工作要求：让马桶光洁如新，其检验方法是让马桶中的水达到可以喝的程度。令人难以置信的是，为了证实自己的工作质量，为了强化自己的事业心，她多次喝过马桶里的水。

自我鼓励，是树立自信心的最佳方式。带着这种良好的心态和必胜的信念，就能坦然面对生活中的种种艰难坎坷、曲折磨难、痛苦彷徨、失意迷茫。因为善于自我鼓励的人已然是生活的强者，他们敢于接受任何挑战，执着无悔地追求自己的理想，最终一定能够如愿以偿。

自我鼓励要有效，须做到以下几点：

第一，用积极的心态安慰自己。我们知道，当动物受伤时，会用舌头舔舐自己的伤口，给自己时间康复及重振雄风。当你遭遇挫折时也需要为自己疗伤，只是你不应自怨自艾、自悲自怜，而是应该持积极的心态鼓励自己：“你一定会好起来的！”当然了，伤口的愈合亦需要时间，所以不能操之过急。

第二，确立一个既宏伟又具体的目标。许多人惊奇地发现，他们之所以达不到自己孜孜以求的目标，是因为他们的奋斗目标太小，而且模糊不清，以至于使自己失去了动力。因此，真正能激励你奋发向上的，是一个既宏伟又具体的目标。

第三，离开舒适区。不要总是躺在自己的心灵舒适区。舒适区只是“避风港”，不是“安乐窝”，你不能一直沉溺其中，否则就会不思进取，自我毁灭。

总之，在你追求成功的道路上，自我鼓励能为你提供充足的原动力，使你可以冲破重重障碍，成为一个自强不息的人。只要我们学会自我鼓励，学会自己给自己打气，就一定会赢得一个精彩的人生。

找回属于自己的自信

自信只是一种心态，需要的只是自己去发掘，并不需要过多繁杂的过程。只要相信自己的能力，自信就会回到我们身上。

现代社会，职业竞争越来越激烈，生存环境越来越艰难，拥有自信对一个人来说是非常重要的。只有自信了，你才能以一种良好的心态面对挑战与竞争，你才能更加快乐地工作和生活。

古往今来，许多人之所以失败，究其原因，不是因为无能，而是因为不自信。能够成就一番大事业的人，永远是那些对自己充满信心的人。

缺乏自信心的人总是自怜自怨，认为自己从头到脚、从里到外，一无是处，甚至不敢昂首走路。其实这种人并不是真的没有优点、没有可爱之处，只是他们缺乏自信罢了。自信是一种力量，有自信的人总是魅力无穷，自信让人生变得美丽。

在美国纽约郊区的一个贫民区里，住着一位家境贫穷的黑人小女孩，她从小失去了父亲，她和体弱多病的母亲相依为命。因为她的母亲一没有文化，二没有技术，所以只能靠打零工维持母女俩的生计。因此，这个小女孩从小就很自卑，她从来没穿戴过漂亮的衣服和首饰。就在这样的环境中，小女孩一天天地长大了。

到了她十八岁那年的圣诞节，女孩的妈妈破天荒给了女孩十美元，让她给自己买一份圣诞礼物。女孩很兴奋，她决定给自己买一件礼物。但是她没有勇气从大街上大大方方地走过，她捏着钞票，绕开人群，贴着墙角朝商店走。

一路上，她看见所有人的生活都比自己好，心中不无遗憾地想，我是这个街区最寒碜的女孩子。看到自己特别心仪的小伙子，她又酸溜溜地想，今天晚上盛大的舞会上，谁会成为他的舞伴呢？她就这样一路想着心事躲着人群来到了商店。

一进门，女孩感觉自己的眼睛都被刺痛了，她看到柜台上摆着一批特别漂亮的缎子做的头花、发饰。正当她站在那里发呆的时候，售货员对她说："小姑娘，你的亚麻色的头发真漂亮！如果配上一朵淡绿色的头花，肯定美极了。"

当她看到价签上写着八美元，就想着太贵了，自己不能买。就在她正在犹豫的时候，售货员已经把头花戴在了她的头上，并拿起镜子让她看看自己。

当这个姑娘看到镜子里的自己时，突然惊呆了，她从来没看到过自己这个样子，她觉得这一朵头花使她变得像天使一样光彩照人！

而且，这时售货员也赞叹道："漂亮极了，你简直是上帝派到人间的天使！"

女孩不再迟疑，掏出钱来买下了这朵头花。她的内心无比陶醉、无比激动，接过售货员找的两美元后，转身就往外跑，结果在一个刚刚进门的老太太身上撞了一下。她仿佛听到那个老太太在叫她，但已经顾不上这些，就一路飘飘忽忽地往前跑。

女孩不知不觉就跑到了街区最热闹的地方，她看到所有人投给她的都是惊讶的目光，她听到人们在议论说，没想到这个街区还有如此漂亮的女孩子，她是谁家的孩子呢？

女孩又一次遇到了自己暗暗喜欢的那个男孩，那个男孩竟然叫住她说："今天晚上，我能不能荣幸地请你做我圣诞舞会的舞伴？"

这个女孩子简直心花怒放！她想我索性就奢侈一回，用剩下的两美元回去再给自己买点东西吧。于是，女孩又一路飘飘然地回到了小店。

刚一进门，那个老太太就微笑着对她说："孩子，我知道你会回来的，你刚才撞到我的时候，这个头花也掉下来了，我一直在等着你来取。"

这个女孩是幸运的，一个小小的发饰就帮她找回了自信。工作中也是如此，只有拥有了足够的自信，我们才能够感受到自身的魅力。自信的力量是其他任何东西都无法替代的。正如莎士比亚所说："自卑者体会不到也永远不能体会到自信者身上焕发出的那种荣光。"

有些人由于不自信使自己失去了很多机会，那么究竟怎样才能重新找回属于自己的自信呢？

首先，要正确看待自己，寻找自己的长处，然后，让自己的长处得以发挥。这样你就会获得成就感和满足感，有了成就感和满足感，自然就会建立起自信。有人说："一个人要想获得成功，就要少想多做。"这有一定的道理，任何事情，你积极努力地去尝试了，去做了，才有可能获得最后的成功。"行动胜于空谈"，有些事情你可以慢慢来，一点一点取得进步，获得成就感和自信。

其次，一个人不自信的最大原因，很可能是外界对他的影响。要知道别人对自己的评价终归是他们的看法，我们无须活在别人的世界里，只要做好自己的工作就可以了。要有"走自己的路，让别人去说吧"的魄力。

总之，自信只是一种心态，需要的只是自己去发掘，并不需要过多繁杂的过程。只要相信自己的能力，自信就会回到我们身上。

给自己一个准确的定位

在职场上，找不到人生坐标的人，如同水上浮萍，整日飘忽不定，终究难以成就大事，而对自己未来有准确定位的人，才会始终如一地朝着目标前进，至少能使自己少走一些弯路，少做一些无用功。

很多人一生都在苦苦追寻成功的方法，结果却一无所获。这是为什么呢？很大的一个原因就是，他们没有给自己的人生一个准确的定位。

给自己一个准确的定位，我们才能更好地认识自己、把握自己。这是一个很简单的道理。从某种意义上讲，认识了自我，也就找到了通往成功的路。职场是风起云涌的大海，没有明确的航线和灯塔的指引，你的航船将无以为向。

爱迪生说过："天才就是百分之九十九的汗水加上百分之一的灵感，而决定成功的往往是后百分之一。"然而，我们习惯于将这句话断章取义，我们通常所能看到的往往都只有前半句。可别小看了这后面的半句，毫不夸张地讲，少了这半句话，我们在通往成功的路上不知道要多走多少不必要的弯路！前半句强调的是勤奋，是汗水。是的，勤奋对成功所起的作用不可或缺，然而现实生活中我们看到多少一生勤奋的人最终还是穷困潦倒。这是为什么呢？他们没有给自己的人生找到一个准确的定位，使得一生的努力都没有一个准确的方向。

然而，真正地认识自己，并不是一件容易的事。法国著名人文主义者蒙田曾说过："世界上最重要的事情就是认识自我。"世界上有一个人，离你最近也最远；世界上有一个人，与你最近也最疏；世界上有一个人你常常想起，也最容易忘记。这个人就是你自己。

有一天，一位禅师为了启发他的门徒，给了他一块石头，叫他拿着去菜市场。这块石头很大、很美观，但是禅师说："不要卖掉它，只是注意观察，多问一些人，问问它在菜市场能卖多少钱。"

门徒去了菜市场。很多人看到石头，或者觉得它可以做成很好的小摆设，或者可以给孩子当玩具，或者可以把它当作称菜用的秤砣。于是，他们出了个价，但只不过是几个小硬币。

门徒回来告诉禅师："它最多只能卖几个硬币。"禅师说："现在你去黄金市场，问问那儿的人，但是不要卖掉它，只问问价。"从黄金市场回来后，这个门徒很高兴，说："这些人太棒了，他们乐意出到1000块钱。"

禅师说："现在你去珠宝商那儿，但不要卖掉它。"

门徒去了珠宝商那儿。他简直不敢相信，买主竟然乐意出5万块钱，他不愿意卖，他们竟抬高价格，出到了10万、20万、30万。门徒不敢相信，觉得这些人都疯了，他自己觉得菜市场的价格已经足够。

门徒回来，禅师拿回石头说："我们不打算卖掉它，不过现在你应该明白，通过这件事要看你是不是有试金石般的理解力。如果你总是生活在一个地方，那么你的认识就会很有限，你永远也不会认识到更高的价值。"

一个没有自信、无法认清自身价值的人，是很难在人生的道路上有所突破和有所建树的。许多人终其一生一事无成，就是因为他们低估了自己的能力，妄自菲薄，逐渐泯灭了内心深处对成功的渴望。

一个人究竟应该怎样定位自己呢？其实，只有做自己喜欢且擅长的事情时，才容易达到那种专注的、忘我的境界，才更容易取得成功。也就是说，准确地定位自己应该以天赋、爱好、兴趣为基准。

除此以外，人还要克服自卑感，认识自我的价值。伟大的思想家卢梭有一句名言："人生的价值，是由人自己决定的。"一个人只要认清了自我的价值，摆脱了自卑感，树立了崇高的远大的目标，自强不息地奋斗、追求，他便能够在事业上有所收获、有所作为。

一块巨大的花岗岩分别被雕凿成佛像和条石，每天有无数的人踏着条石铺成的台阶去礼拜佛像。条石很不服气，对佛像说："我们是同一块石头，为什么我被人踩在脚下，你却被人供奉？"佛像说："你从石块变成条石，只经历了'四刀'，而我从石头成为佛像却经历了'千刀万凿'。"

其实，佛像无须感到尊贵，只是石头上倾注了佛的生命；条石也不必感到卑微，没有一块块条石铺就的阶梯，人们也很难去朝拜佛像。相同的花岗岩被赋予了新的定位，只是价值体现的方式不同，并没有本质的不同。

总之，在职场上，找不到人生坐标的人，如同水上浮萍，整日飘忽不定，终究难以成就大事。而对自己未来有准确定位的人，才会始终如一地朝着目标前进，至少能使自己少走一些弯路，少做一些无用功。

勇敢表现自己最出色的一面

一匹千里马如果能遇到伯乐是十分幸运的，但“千里马常有，而伯乐不常有”，这就告诉我们应该勇敢表现自己最出色的一面。

有人说：“人生在世，学会表现自己才能在广阔的空间里争得一席之地。”大自然的万物都在表现自己，如果小溪不表现自己，就不会有悦耳的水声；如果春笋不表现自己，就不会有葱茏的竹林……

我们知道，一匹千里马如果能遇到伯乐是十分幸运的，但“千里马常有，而伯乐不常有”，这就告诉我们应该勇敢表现自己最出色的一面。尤其是在这样一个就业形势严峻、人才竞争激烈的大环境之下，表现自己才能提升自己，才能使我们从一个默默无闻的“小卒”晋升为人所周知的“大腕”，才能让平淡的生活充满惊喜。

看看那些成功人士的经验，表现自己的重要性显而易见。翻开史册，战国时期的毛遂、三国时的黄忠，还有许多的改革家，这些人无不怀有远大抱负，但更让我们钦佩的是他们勇于自荐，他们充分相信自己的能力。也正因如此，他们才没有被埋没。

当今社会，善于表现不仅是自身发展的前提条件，更是让自己永远保持一种奋斗精神的需要。现在有些人不理解那些勇于自荐、善于表现的人，说那是“出风头”“爱炫耀”等。事实并非如此，我们每个人都有向他人展示自己才能、学识并得到认可的欲望，只不过有的人激流勇进，有的人畏缩不前罢了。我们可以打这样一个比方：一种刚刚进入市场的产品，如果公司不对其进行适当的市场推广，这种产品就很难让消费者知道，更别说拥有广阔的市场销售空间了。推物及人，谁积极地表现自己，谁才会赢得更多发展自己的机会。如果你身怀绝技，但藏而不露，他人就无法了解，到头来你也只能空怀壮志、怀才不遇。而拥有积极表现欲的人总是不甘寂寞，喜欢在人生舞台上唱主角，寻找机会表现自己，让更多的人认识自己，让伯乐选择自己，使自己的才干得到充分发挥。从某种意义上说，积极地表现自己是推销自己的前提。

某知名文化公司新招聘来几位大学毕业生，其中有一个叫吴迪的男生敢想敢说，表现欲较强，事事走在前面，有出色的表现。在公司领导眼中他是个难得的人才，而且他也的确不负众望，策划了几次重大的公关活动，为新项目打开局面做出了贡献。不久他就成为公司最年轻的经理。相反，与他同来的两位毕业生，在学校时成绩很突出，但是因没有出众的表现，工作平平，始终没有大的发展。他们之间的距离就这样渐渐地拉开了。

在这里，不能不说表现欲的强弱是能否取得成功的一个重要制约因素。一个有才干的人能不能得到重用，很大程度上取决于他能否在适当场合展示自己的才能。

任何成功者都离不开表现自己。没有人喜欢那种软弱、优柔寡断的人，这种人总是瞻前顾后、唯唯诺诺，担心表现自己的后果。因此，他们成功的机会也就很少。但也有人提出疑问：我本身就是一个性格内向的人，不喜欢在众人面前表现自己，甚至不喜欢把自己的喜怒哀乐告诉别人，宁愿自己一个人去承受，也不愿意对人倾诉。殊不知，性格内向的人往往不善交际，很难适应环境、融入环境，显然这对个人的职业发展是有非常大的不利影响的。

李媛今年26岁，在一家外贸公司工作。由于父母对其管教比较严厉，致使李媛从小就孤僻内向，不爱说话，也没有什么朋友。大学四年，除了宿舍里的几个室友外，李媛和其他同学很少往来，甚至与同班的一些男生根本没说过话。工作后，李媛勤奋踏实，但仍然不善于表现自己，不能让领导看到她的能力和优势所在，因此错过了很多晋升的机会，与成功失之交臂。

人的性格是指人对待客观事物的态度以及与之相适应的习惯化行为方式，它是人的个性中最重要的心理特征，在一个人的为人处世中起着核心作用。但是人的性格是在内部环境和外部环境的相互作用中形成的，同时也可以在自身因素和外部环境的影响下发生变化。也就是说，人的内向性格是可以通过一定的方式改变的。并不是说你一定要强迫自己去做自己不喜欢或者不擅长的事情，而是要善于发现自己的潜能，不断地突破自己，超越原来的自己。你可以尝试每个月参加一两次社交活动，在大家面前谈论自己的想法，发表自己的见解，只要和话题相关，就很容易被大家所接受和认同。另外也要学会接受自己和肯定自己，发现并发展自己的优点，待羞怯感逐渐消失，一种强有力的自信就会在心中萌生出来，有了自信，自然就会非常容易在众人面前表现出自己最出色的一面。

总之，成功与表现自己是分不开的，只有勇敢地表现出自己最出色的一面，你的能力才能越来越强，你离成功才会越来越近。表现自己会让你的人生与众不同；表现自己会让你将工作越做越好，使你不断获得升迁。

当然了，表现自己还应具备一定的实力，否则就是过分地夸大自己、张扬自己、炫耀自己，终将一事无成。

充分挖掘自己的潜能

只有斩断自己的退路，让自己置身于命运的悬崖绝壁之上，才能勇敢地向自己发出挑战，才能一往无前，才能在竞争激烈的职场中争得属于自己的一片天空，继而实现自身的价值。

现代心理学为我们提供了这样一组客观数据：一个人通常都存有极大的潜在力量，潜意识的力量是有意识力量的30000倍，而绝大部分正常人只运用了自身潜在能力的10%。科学家研究发现，人类贮存在脑内的能量大得惊人。人们平常只发挥了极小部分的大脑功能，如果能够发挥一大半的大脑功能，那么就可以轻易学会40种语言，背诵整本百科全书，拿12个博士学位。可以这么说，每个人都有一座“潜能金矿”等待被挖掘。

一位名叫史蒂文的残疾人，已经在轮椅上度过了20年的漫长时光。他觉得自己的人生已经没有了意义，于是整天借酒消愁。有一天，他从酒馆出来，照常坐轮椅回家，却碰上3个要抢他钱包的劫匪。他拼命地呐喊和反抗，却触怒了劫匪，他们竟然放火烧他的轮椅，轮椅很快就燃烧了起来，求生的欲望让史蒂文忘记了自己的双腿不能行走，他立即从轮椅上站起来，一口气跑了一条街。事后，史蒂文说：“如果当时我不逃，就必然被烧伤，甚至被烧死。我忘了一切，一跃而起，拼命逃走。

当我终于停下脚步后，才发现自己竟然能够重新走路了。”后来，他逐渐恢复了健康，还找了份工作。他可以与正常人一样行走，并到处旅游。

一双20年来无法动弹的腿，竟然于危急时刻站了起来，并飞速奔跑。这不禁让我们产生疑问：到底是什么因素促使史蒂文产生了这种“超能力”呢？显然，这并不仅仅是身体的本能反应，它还涉及人的内在精神在关键时刻所呈现出来的巨大爆发力。是的，一个人的潜在能力是无限的，我们可能还听说过这样的事情：一位母亲，为救即将从5楼坠落的孩子，竟跑得比运动员还快；一位父亲为救翻车的儿子，竟然能赤手空拳将整个汽车挪开……

著名作家柯林·威尔森曾说：“在我们的潜意识中，在靠近日常生活意识的表层的地方，有一种‘过剩能量储藏箱’，存放着准备使用的能量，就好像存放在银行里个人账户中的钱一样，在我们需要使用的时候，就可以派上用场。”在职场中同样如此，你需要接受更大的挑战，充分挖掘自己的潜能，通过自己的努力上升到更高的职业台阶。沿着职业发展这条主线，积极准备，通过自己的知识储备、技能储备、人脉储备，使职业金字塔的基底更加厚实，职业发展之路才会更加顺畅。

安东尼·罗宾本来是一名穷困潦倒的小伙子，17岁那年，他从家里“滚”了出来，高中还未毕业。他摆过地摊，当过餐厅服务员，跑过推销……最后在一家银行担任清洗厕所的工作，那时候他全部的家当就是一辆价值九百美元的二手车——“金龟车”。他只能睡在“金龟车”里面，当然他也交不起“昂贵”的停车费，所以每天晚上必须跑到便利店的门口睡觉，因为这家商店门口是24小时免费停车。安东尼·罗宾26岁时仍然住在仅有10平方米的单身公寓里，洗碗盆也只能在浴缸里洗，生活一团糟，人际关系恶劣，前途十分暗淡。

然而自从他发现内心蕴藏着无限的潜能之后，生活便开始大为改观，成了一名充满自信的成功者。

如今，他已是一位白手起家、身家过亿的富翁，是世界第一成功导师，是世界名人、国家领导的教练。

他协助职业球队、企业总裁、国家元首激发自身潜能，度过了各种困境及低潮。曾辅导过多位皇室的家庭成员，被美国前总统布什及克林顿、戴安娜王妃聘为个人顾问；曾为众多世界名人提供咨询。

1993年安东尼·罗宾获评为“全球五大演说家”；1994年获评杰出人类活动家与“布莱恩·怀特公正奖”；1995年当选为“美国十大杰出青年”……

其实，我们每个人都有创造生活、书写奇迹的无限潜能，但大多数人只发挥了他们自身才能的一小部分。这主要是因为很多时候我们并没有将自己放在置之死地而后生的境地，没有破釜沉舟的勇气，没有那种一定要成功的强烈愿望。如果一个人把自己逼到绝路，那么，他的人生或许会出现很大的转机。也就是说，只有斩断自己的退路，让自己置身于命运的悬崖绝壁之上，才能勇敢地向自己发出挑战，才能一往无前，才能在竞争激烈的职场中争得属于自己的一片天空，继而实现自身的价值。

另外，积极的心态是战胜命运的有力武器。有的人能充分发挥自己的潜能，能获得职业提升和发展，能获得事业成功，是因为始终如一地保持着积极的心态。人生是好是坏，不是由命运来决定的，而是由心态来决定，我们可以用积极的心态看问题，也可以用消极的心态看问题。但积极的心态激发潜能，消极的心态则抑制潜能。

敢于挑战自我

在工作中，我们应该从一点一滴做起，去改变自己不好的习惯，勇敢地承担起自己应负的责任，在挑战中不断地完善自我，这样，我们就会一步步成长，一步步走向成功。

漫漫人生路，挑战不断，你是否做好了向生命高地冲锋的准备？职场中，面对困难和挫折，面对误解和委屈，你是否感到很累？其实，我们不应该抱怨，不应该逃避。相反，我们还应该感谢这一切，感谢这一切给了我们挑战自我的机会，敢于挑战自我，才会使我们的生命画卷绚丽多彩。

一条蚯蚓，虽然没有强劲的筋骨、锋利的牙齿，但它却能够上食埃土、下饮黄泉；一只蜗牛，虽然没有雄鹰的翅膀，不能够飞向高空，但它却可以站在金字塔的顶端，来俯视整个大地。蚯蚓、蜗牛，都是敢于挑战自我的，它们没有屈服于自己先天的不利条件，而是克服自己的种种不足，为了自己的理想而不懈努力。

挑战自我，不仅需要心中有目标，更需要吃苦耐劳、不屈不挠的坚强意志。我们每个人都不是完美无缺的，都有这样那样的缺陷，但我们不能够失去挑战自我的勇气。只有敢于向自己挑战，才能够有成功的希望。

于浩出生在一个偏僻的小山村，家境贫寒，但自幼聪明，且勤奋努力，备受老师们的好评。

高中毕业的于浩由于成绩斐然，获得了去美国留学的机会，但必须自己负担高昂的学费，倔强的他还是毅然选择了去美国。

为了减轻父母的负担，于浩想找一份收入较高的兼职工作。那天，在唐人街餐馆打工的他无意中得知美国通用汽车公司正在招聘一名普通的推销员工。他兴致勃勃地前去应聘，并凭借自己出色的口才力压众多应聘者，最后一关面试只剩他一个人了。看来这个薪水丰厚的职位非他莫属了，他美滋滋地想。

“你会开车吗？”主考官冷不防地问道，“因为我们这份工作的性质是移动促销，需要开着我们公司的车出去集体展销，然后发挥你的口才卖车。”

想想自己初来异域，连车都没摸过，更别说什么会开车。但为了争取到这个非常诱人的工作，于浩随即斩钉截铁地回答：“会！没问题！”于是，公司主管当即通知他下周一就来上班。

应聘完出来后，于浩心里忐忑不安，但想到这是一次难得的机会，最后他决定豁出去了！于是，他从朋友那儿借了辆破旧的小篷车，在朋友的指教下，第一天他就认认真真地完成了全部理论的学习；第二天，他在大草坪上实践操作驾车，反复练习，晚上困了就睡在驾驶室；到第三天，他竟可以驾着这辆旧车蜿蜒着行驶在公路上了。

周一，于浩准时来到通用公司上班，虽然车技很烂，但第一天工作就这样对付下来了。由此，凭借出色的口才和毅力，他在通用公司工作了十年，共卖出了8800辆汽车，并创下了一年卖出1000辆的最高纪录。

从某种程度上来说，于浩撒了一次谎，但是并无大碍，他只是把自己置于一个没有退路的悬崖上，进而积极地挑战自我，事实上他成功了。其实，他也是给了自己一个向生命高地冲锋的机会。当一个人被一种执着的信念支撑时，他就会成为钢铁一样的战士，于浩正是这样一个“钢铁般的战士”。人生最大的悲哀莫过于裹足不前，勇于挑战自我才会无怨无悔，勇于挑战自我的人生才是真正的人生。

想想美好的前途，我们都会怦然心动；面对残酷的竞争，我们也不应当失去挑战自我的勇气。其实，每个人的一生都是一场戏，唯一的主角就是自己。从开幕到闭幕的时间短暂，是否精彩、是否成功，就看你自己的表现。只有全身心地投入，充分展示出你的风采，才能享受到成功的喜悦，才能对得起观众，也对得起自己。生活没有太多的完美，我们也不能太刻意地去追求完美。在工作中，我们应该从一点一滴做起，去改变自己不好的习惯，勇敢地承担起自己应负的责任，在挑战中不断地完善自我，这样，我们就会一步步成长，一步步走向成功。

人生在世，充满挑战，勇于挑战自我、突破自我，才能一路风光无限。

面对困难不退缩

任何工作，无论它有多么困难，只要你勇于面对，全力以赴，用心去做，就一定能够化难为易，赢得最终胜利。

我们每个人在生活和工作中都不可避免地要遇到困难，这些困难也向我们发出了不同的挑战。困难来临时，有些人不畏艰辛、百折不挠，将困难视为生活的一种考验，并使之转化为一种积极有利的因素；而有些人则会畏惧退缩，为之折服，并且将困难视为一种无法逾越的障碍，甚至是人生的一种不幸。殊不知，人生下来注定要与困难打交道。困难就像弹簧，你强它就弱，你弱它就强。

工作中，我们经常感觉到困难重重：社会环境的变化、人才竞争的残酷、人际关系的复杂，甚至是各种不幸和灾难的打击，可能已经让你觉得身心交瘁、万念俱灰，因此你认为人活着实在是太累、太难，甚至差一点就放弃了与困难做斗争的勇气。

然而，强者与懦夫的区别就在这里。真正的强者永远懂得，逃避不能解决问题，当困难来临唯一的办法就是勇敢地面对、积极地思考，然后将它视为磨炼自己意志和锻炼处事能力的机会，用自己的才智和行动，去征服它，战胜它！

一位知名企业CEO曾经说过：“回顾过去的日子，我吃惊地发现——令我成长的不是那一次又一次成功的时刻，反而是在奔向这些时刻的过程中经历的风雨和体验的甘苦。”是的，当你一次次地从困难面前走过可能才会发现，原来困难并不可怕，可怕的是我们没有面对困难、战胜困难的勇气，而且，正是这些困难和挫折才让你站得更高，看得更远。

1997年8月，海尔集团派魏小娥前往日本，学习掌握世界最先进的整体卫浴生产技术。在学习期间，魏小娥发现，日本人试模期废品率一般都在30%~60%，设备调试正常后，废品率为2%。

魏小娥问日本的技术人员：“为什么不把合格率提高到100%？”日本人反问道：“100%？你觉得能够做得到吗？”从对话中，魏小娥意识到，不是日本人能力不行，而是思想上的桎梏使他们停滞在98%。

作为一名海尔员工，魏小娥的标准是100%，即：要么不干，要干就要做到最好。她拼命地利用每一分一秒的学习时间。3周后，她带着赶超日本人的信念和先进的技术知识回到了海尔集团。

半年后，日本模具专家宫川先生来中国访问见到了“徒弟”魏小娥，此时，她已是卫浴分厂的厂长。面对着操作熟练的员工、一尘不染的生产现场和100%合格的产品，他大吃一惊，反过来向“徒弟”请教。

“有几个问题曾使我绞尽脑汁想尽办法，但最终仍没有解决。日本卫浴产品的现场过于脏乱，我们一直想做得更好一些，但难度太大了。你们是怎样做到现场清洁的呢？100%的合格率是我们连想都不敢想的，对我们来说，2%的废品率和5%的不良品率天经地义，你们又是怎样提高产品合格率的呢？”

“用心！”魏小娥简单的回答又让宫川先生大吃一惊。

一个用心思考问题、解决问题的人，一定会有所成就。然而在这个案例中，我们更多地看到的是困难的勇气对于一个人的成功是多么的重要。其实任何工作，无论它有多么困难，只要你勇于面对，全力以赴，用心去做，就一定能够化难为易，赢得最终胜利。

人生旅途中，困难和挫折是一所最好的学校。每一次失败、每一次打击、每一次损失、每一次挫折，都孕育着成功。这一切都教会我们在下一次的表现中更为出色。无论是否是初涉职场，我们在面对困难的时候，都要鼓励自己："相信我一定会战胜困难的。"也就是说，在战略上我们要藐视那些问题，它们就像是帮助我们攀登到山顶的阶梯，没有这些阶梯，我们就只能滞留在山脚或山腰。但在战术上我们却要重视这些困难，注意每一个细节，不断地去掌握和学习相关知识和技能，向比我们有经验的人请教，向书本请教。

把挫折当成一种激励

挫折具有激励人心的力量，当巨大的压力、意外的变故等责任压在一个人身上时，潜藏在他体内的力量，才会突然涌现出来。

在这个世界上，每个人都有其独特的天赋和独特的使命，人生的意义就是发挥自己的天赋以完成自己的使命。天将降大任于斯人也，必先苦其心志。只有经得起磨炼，能够把困难和挫折当成一种激励，才会成就一个美好的人生。

如果拿破仑在年轻时没有遇到什么窘迫、绝望，那么他绝不会如此多谋、如此镇定、如此刚勇。

拿破仑在谈到他的一员大将马塞纳时说，平时他的真面目是显示不出来的，但是当他在战场上见到遍地的伤兵和尸体时，他内在的“狮性”就会突然爆发起来，他打起仗来就会像雄狮一样勇敢。

人类有几种本性，除非遭到巨大的打击和刺激，否则永远不会显露和迸发出来的。这种神秘的力量深藏在人体的最深层，非一般的刺激所能激发，但是每当人们受了讥讽、凌辱、欺侮以后，便会产生一种新的力量来，做从前所不能做的事。

一个成功的商人对别人说，他在自己一生中所获得的每一个成功，都是与艰难苦斗的结果，所以，他现在对那些不费力而得来的成功，反倒觉得有些靠不住。他觉得，克服障碍以及种种缺陷，从奋斗中获取成功，才可以给人以喜悦。这个商人喜欢做艰难的事情，艰难的事情可以试验他的力量，考验他的才干；他反而不喜欢容易的事情，因为不费力的事情不能给他振奋精神、发挥才干的机会。

艰难的情形、失望的境地和贫穷的状况，在历史上曾经造就了许多伟人。巨大的危机和事变，往往是造就出伟人的“火药”。

有一个年轻人，原来家境非常贫寒，因此在他四年的大学生活中，常被那些家境富裕的同学开玩笑，他们不是取笑他衣衫褴褛，便是讥笑他穷酸。受着同学们这样的讥笑，他竟然不为讥讽所屈服，从此立志要做世上的一个伟人。

后来，这个青年果然有着惊人的成功。他说，自己在学生时所受的种种讥笑反倒成了对他雄心的最好激励。

处在绝望境地的奋斗，最能激发人潜伏着的内在力量；没有这种奋斗，便永不会发现真正的力量。

在当今世上，不知道有多少人把自己所取得的成就归功于障碍与缺陷。如果没有那障碍与缺陷的刺激，他们也许只会发掘出他们25%的才能，但一遇到困境，他们便会把其他75%的才能也激发出来了。

历史上有无数这样的例子：为了补救身体上的缺陷，许多人因此养成了可贵的品格，造就了一番丰功伟绩。一些相貌极平凡甚至长相丑陋的女子，往往能在学业和事业上进行不懈的努力，最后竟能做出意想不到的事业来，这可以看作是对她们外貌平平的一种补救。

据说有一个英国人，生来就没有手和脚，竟能如常人一般。有一个人因为好奇心的驱使，特地去拜访他，看他怎样行动、怎样吃东西。谁知那个英国人睿智的思想、动人的谈吐，竟叫那个客人听了十分惊异，完全忘掉了他是个残疾人。

因为特殊缺陷与困难的刺激，并不是人人都有的，所以世界上真正能发现自己，把自己最好最大的能量发挥出来的人并不多见。有些人连做梦也没有想到在自己身体里面蕴藏着巨大的能量。

漫漫历史长河，梦想成功的人不计其数，可真正成功的人寥寥无几，原因是没有经历磨难。承受不了挫折，也享受不了欢乐；承受不了磨难，也享受不了成功。命运是一场折磨，只有经历人生的种种磨难，才能实现人生的价值。

沿着一条路走到终点

黎明前的黑暗是最可怕的，然而也是相当短暂的，只需要再坚持一下，阳光就会展露出笑容，散发出灿烂的光芒。

身处职场，每一个人都想在事业上有所成就，但是，只有一部分人取得了胜利，而相当一部分人却陷入了失败的苦痛之中，这是为什么呢？一位哲人曾经说过："事业常成于坚忍、毁于急躁。我在沙漠中曾亲眼看见，匆忙的旅人落在从容的后边；疾驰的骏马落在后头，缓步的骆驼继续向前。"是的，成功在于坚持，否则将一事无成。选择了一条路，就不要再回头张望，坚定不移地走下去，一定会取得成功。

英国著名作家狄更斯平时很注意观察生活、体验生活，无论刮风下雨，每天都坚持到街头去观察、聆听，记下行人的只言片语，积累了丰富的写作素材。这样，他才在《大卫·科波菲尔》中写下了精彩的人物对白，在《双城记》中留下了逼真的社会背景描写，最终成为英国一代文豪，取得了文学事业上的巨大成功。爱迪生曾花了整整十年去研制蓄电池，其间不断遭受失败的他一直咬牙坚持，经过了五万次左右的试验，终于取得成功，发明了蓄电池，被人们授予"发明大王"的美称。

坚持，使狄更斯为人们留下了许多优秀的著作，也为世界文学宝库增添了一抹亮彩；坚持，使爱迪生攻克了许许多多的难关，为人类的进步做出了不可磨灭的贡献。可见，坚持能够使人取得事业上的成功。那些失败者往往是在最后时刻未能坚持住而放弃努力，或见异思迁，进而与成功失之交臂。

一家大型零售连锁公司招聘人事经理。经过重重考试，詹森成为最后三名决赛者之一。三选其一，詹森将准备工作做得一丝不苟，他期望脱颖而出，赢得胜利。面试是三个人同时进行的，考题异常简单：把一份紧急公文送到公司对面一家酒店的公司谈判代表手中。三个人拿着相同的公文走出总经理办公室，向公司大门疾步走去。公司和谈判代表所在的酒店只隔着一条马路，但在公司大门和马路之间是一片草坪，而公司大门恰巧对着草坪的中间部位。詹森出了公司大门，沿着草坪旁的人行道向前跑去，他想以最快的速度绕过草坪，将公文送到酒店的谈判代表手中。一名竞争对手几乎并驾齐驱地和他一同向前跑着。跑出十几米，詹森回头，发现另外一名竞争对手正穿越草坪向对面跑去。见状，詹森改变了方向，也踏进草坪。最后的结果，那名一开始就横穿草坪的人第一个将公文送达，詹森第二个送达，而一直坚持绕过草坪的人最后送达。

聘用结果很快就出来了：绕过草坪的人被聘用为人事部经理。总经理的解释是：虽然他是最后送达公文的人，但他能够坚持原则，这种原则第一的观念是人事经理最应该秉承的；让人们感到诧异的是，穿越草坪，第一个将公文送达的人同时被破例聘用为公司经销部经理，总经理的解释是，这种打破常规，不按部就班的精神能够为公司带来另外的收获；三个人中只有詹森落败。

詹森之所以落败，在于他自以为是的小聪明，在于他不能沿着一条路走到终点。一位哲人曾说过："既然期望有所成就，那么就应该从今天起，以毫不动摇的决心和坚定不移的信念，凭自己的智慧和毅力，去创造你的人生。”其实，最艰难的时候往往就是最容易取得成功的时候，也许只要再坚持一下，最困难的时候就挺过去了，随之而来的就是成功。一位赫赫有名的华人企业家曾经这样说过：“我做行销为什么会成功？我记得有人告诉过我，大概拜访40个客户会成功一个。于是，我就这么想，‘如果我碰了39个钉子后，就会成功一个，那么我每碰一个钉子，都离成功近了一步，我应该高兴。为什么要生气、难过、畏惧呢？被人家轰出来又怎么样，被轰出来39次，我就会成功一次’。所以，每次碰一鼻子灰我都会很高兴，我做事情都是‘扫地毯式’的，一个都不漏过，先敲门，再想怎么说。如果我只是想‘完了’，就不敢敲门了。所以说，被拒绝并不是件坏事。在创业中，我也遇到了很多问题，我会这样想，挫折可以使我们学到一些东西，其中最重要的一种就是坚持。通常情况下，也只有具备了这种锲而不舍的精神，我们才能一步步地靠近成功。”

如果说人生是一首优美的乐曲，那么痛苦则是一个不可缺少的音符；如果说人生是一望无际的大海，那么挫折则是其中一朵骤然翻起的浪花；如果说人生是湛蓝的天空，那么失意则是天际一朵飘浮的白云。人生之贵在于成功，成功在于坚持。黎明前的黑暗是最可怕的，然而也是相当短暂的，只需要再坚持一下，阳光就会展露出笑容，散发出灿烂的光芒。

做最好的自己

如果你不能成为大道，那就当一条小路；如果你不能成为太阳，那就当一颗星星。决定成败的不是尺寸的大小，而在于做一个最好的自己。

每个人都曾有过自己的理想，也曾为此努力过。然而，现实生活中，能够实现理想的人毕竟只是少数，大多数人并未如愿成为科学家、宇航员、伟人、亿万富翁……是不是这些没有实现理想的人就注定是失败者呢?

当然不是！道格拉斯曾经说过：“如果你不能成为大道，那就当一条小路；如果你不能成为太阳，那就当一颗星星。”决定成败的不是尺寸的大小，而在于做一个最好的自己。

某公司招聘市场推广员，来应聘的人很多。其中，最让人费解的是，有一个从美国留学归来的男孩子。学会计的专业背景，加上美国留学的经历，放着大好的会计工作不干，却来应聘做市场推广员。

负责招聘的老师问他：“你为什么放着炙手可热的会计师不干，要来做这压力大又辛苦无比的业务工作？”他笑了笑，说：“因为我不是做会计的料呀。”负责招聘的老师更加惊讶了，说：“既然不是做会计的料，为什么会去读专门的会计高校，然后还去美国专门进修会计？”

“其实，我在美国并没有毕业，学了一年我便放弃了。”他很坦然，继续说，“父母一直觉得会计这行会很有前途，但事实上，我对数字非常厌恶。”他说着，还夸张地将五官皱成一团。

负责招聘的老师说：“可是做业务毕竟也不是什么省心的事，而且又是自最底层做起。”他笑道：“您的顾虑竟然比我还多，我这人天生喜欢结交朋友，又不受太多条条框框的拘束。所以，做市场才最适合我。”

“你父母一定很失望吧？”负责招聘的老师几乎能猜测出他父母的反应。

“也不是啊，他们浪费了这么多的时间和精力，总算认识到凡事不能强求。”显然，他的退学和如今对工作的抉择，都曾经引起过轩然大波。不过，无论如何，他还是说服了他的父母。

负责招聘的老师决定录用他。后来，据业务经理反映：“不是我偏见，这个留过学的孩子真的很不一样，肯吃苦，又会动脑子。”

其实，一个人能不能吃苦、肯不肯动脑子跟那些所谓的留学经历无关。真正的原因是，一个年轻人在自己人生的道路上，遵照了自己的意愿，没有强求自己罢了。事实上的确如此，从事适合自己的工作，通常能让人发挥特长，且较乐意投入工作，对工作有高度的负责精神和奉献精神，因此更能胜任工作。

成功，并不取决于你拥有多么显赫的地位和巨大的财富，也不在于你取得多么优异的成绩或做出什么壮举……它仅仅是一个过程，一个体验生活、感受生命的不断自我完善的过程。

宏彬从事电脑销售工作，业绩不菲，年薪已过10万，在朋友圈中很是让人羡慕。可是去年底，他却辞了职。朋友们一再追问，他讲起了自己炒老板鱿鱼的经过。

公司管理层别出心裁要评选1名销售先进个人予以10万元重奖。老板在网上召开视频会议，发了主题帖，请大家跟帖并互相投票推荐。跟帖竟是清一色的“我选我”，阐述的理由却是“横看成岭侧成峰”：

“我是最早进管理层的人。不是先进，我能做部门领导吗？没有我的领导，部门能有今天的发展吗？”

“我是最早进驻外地的。吃苦不言苦，我是第一个被外放的人，总不能让流汗的人再流泪吧……”

“我是最早进入公司的人。十几年如一日，我把公司当成自己的家，咱没有功劳也有苦劳吧……”

“我是最早进献资金的。在公司濒临破产时，是谁介绍在银行当行长的姨父给贷的款……”

投票的结果，人均一票。老板在充分民主的基础上进行了集中，大笔一挥，选定那个姨父在银行当行长的职员做了先进。对于当选理由，总经理没有总结，大家彼此间也是心照不宣。

听完宏彬的叙述，朋友们对他的辞职还是不能理解：面对金融危机的冲击，面对老板的挽留，更多人思考的是如何保住自己的“铁饭碗”，而宏彬却义无反顾放弃了令许多人羡慕的“金饭碗”。

后来，朋友们再度欢聚才知道，宏彬现在已是年薪近百万的电脑销售公司经理。

有的时候，选择比努力更重要。选择放弃，需要更大的勇气和更多的智慧。最重要的是，“鞋大小，脚知道”，适合自己的，才是最好的。

一个人如果仅仅把财富、名利作为终身的奋斗目标，而身处一个自己并不喜欢的环境时，他实现目标的可能性几乎为零。相反，那些注重自己内心诉求，并善于发掘自身潜力的人，更容易得到地位和财富的青睐。因为他身处于一个自己喜欢的环境和工作氛围，从事的又是自己喜欢的工作，当然也就能够更有激情和动力去把事情做到完美，即便他不能从中获取到意外的名和利，也会感到莫大的幸福与快乐的。管理大师彼得杜拉克提出的问题：“我真正想做什么？我为什么要去做？我现在正在做些什么？我为什么这样做？”这一连串的问题也正是值得职场人所深思的。

第三章　自发工作：在职场中赢得先机

拿破仑·希尔曾经说过："自觉自愿是种极为难得的美德，它驱使一个人在没有人吩咐应该去做什么事之时，就能主动地去做应该做的事。"职场如战场，听命行事、服从精神固然非常重要，但是个人主动进取的精神更重要。自动自发去工作的员工，将获得工作所给予的更多的奖赏。在任何时候都不要消极等待，企业不需要"守株待兔"之人。

激发对工作的热情

热情是梦想飞行的必备燃料。这种燃料一旦被点燃，会让你的引擎在飞行期间生机勃勃地持续运转。

“过了星期三，周末很快就会来临了”“谢天谢地，终于又到了周末”，假如你总是这么说，或者潜意识里总是有这种渴求，那么你真的需要唤醒自己的工作热情了。

行走职场多年的你，进进出出时可能已被很多人称为前辈，然而年复一年、日复一日地做着程式雷同的工作让你感觉索然无味，就像自己的左手摸着右手一样。回想初入职场时的情景：每天早出晚归，虽然很累却感觉很快乐、很充实，一切都是那么新鲜，做什么事情都充满激情，走起路来一阵小跑，浑身都充满了活力。可是曾经的工作热情去了哪里呢？

其实，你不应把工作视为一场苦役。否则，即使你从事的是自己最喜欢的职业，你依然无法持久地保持对工作的热情。拥有工作激情的秘密之一就是全身心地投入，看到工作之外的东西。

美国Viacom公司董事长萨默·莱德斯通在63岁时开始着手建立一个庞大的娱乐商业帝国。63岁，在多数人看来是退休、颐养天年的时候，但是萨默·莱德斯通却在此时做了一个很重大的决定，让自己重新

回到工作中去。而且，他总是一切围绕Viacom转，工作日和休息日、个人生活与公司之间没有任何的界限，有时甚至一天工作24小时。

他这么大的工作热情从何而来？萨默·莱德斯通说："实际上，钱从来不是我的动力。我的动力是对于我所做的事的热爱，我喜欢娱乐业，喜欢我的公司。我有一种愿望，要实现生活中最高的价值，尽可能地实现。"

也许你会对萨默·莱德斯通的论调持一定的怀疑态度，认为资本家最终追逐的无非就是利益。这也许是问题的一个方面，但一些心理学家研究发现，对于一个极成功的人来说，金钱在达到某种程度之后就不再诱人了。人生的追求不仅仅满足生存需要，还有更高层次的需求，有更高层次的动力驱使，那就是自我实现。

是的，正是这种自我实现的热情，使很多本身已拥有巨额薪水的人热衷于他们所从事的事业，而非单纯地为了名和利，甚至当他们完全可以控制生活的时速时，他们的脚还是不会离开"油门"。

只有在追求"自我实现"的时候，人才会激发出持久强大的热情，才能最大限度地发挥自己的潜能，最大限度地服务于社会。这种热情不只是外在的表现，它发自内心，来自你对自己正在做的某件工作的真心喜欢。

需要强调的是，偶尔的热情每个人都曾有过，持久的热情却像钻石般少有，然而，在筑梦者和成功者当中，这种热情就像空气一般普遍。成功者需要具备的素质是什么？相信你已经了然于心了。

当然了，偶尔的工作情绪低落与消沉，每个人都曾体验过，也是极为正常的事情。但是我们可以不断调整自己，从而让自己始终如一地保持对工作的热情。

第一，明确工作目的，知道自己是为了什么而工作。如果你是为了理想，为了让自己活得有实实在在的价值、被他人和社会需要和认可、为了没有白活一生，而不仅仅是为了一份薪水而工作，那么你就会感到快乐，感到工作总是有激情。

第二，保持一个积极的工作态度。态度决定一切，你有积极的工作态度、饱满的工作热情，不管是客户还是上级主管都愿意把业务交给你，都愿意与你合作。你积极的工作态度还能感染周围的人，能带动团队进步，成功的机会也会比别人多，进步也会比别人快，而慵懒、整天牢骚满腹的人慢慢就会被淘汰。现在很多企业在用人上都坚持：不要学历最高的人，而要最适合的人，尤其是要态度最积极的人。积极的态度，就是工作激情，这比学历与专业重要得多，实践也证明了这一点。

另外，年轻化的心态对工作也很重要。千万别因为已经工作了好几年就觉得自己老了。人未老，心更不应该老。平时，要多和年轻人沟通交流，感染他们对工作、对生活的热情。

第三，为自己寻找一个竞争对手。每个人都希望出人头地，其潜在心理都是希望站在比别人更优越的位置上，从心理学的角度来说，这种潜在心理就是自我优越的欲望。有了这种欲望之后，人才会积极成长，努力向前。当这种自我优越的欲望出现了特定的竞争对象时，其超越意识就会更加鲜明。所以当你自觉缺乏工作热情，兴许是到了为自己寻找一个竞争对手的时候了。

第四，学会努力，学会放弃。要保持长久的工作热情，与自身的努力是分不开的。首先，要调动起自身的潜力，全力以赴做好自己的本职工作。工作出色了，业绩提上去了，自己就会多一些成就感和优越感，也就有了工作的动力。工作做好了，也会赢得别人的尊重，工作起来也会想更上一层楼。

同时，在工作中，还要学会放弃。有些时候，该放弃时就放弃，人生苦短，真的没有必要活得太累，快乐也是很重要的。而且心情愉快了，做什么事情都会充满热情，也就不用担心产生“工作疲乏”了。

总而言之，保持较高的工作热情和良好的工作状态是一个职业人必备的职业精神。随时调节好自己的心情，处理好偶尔的热情落差是非常重要的。消极、颓废、不思进取的思想会让你看不到自己的潜力，会让你失去前进的动力和信心，会让你放弃很多宝贵的机会，使你与成功失之交臂。

积极寻找工作中的乐趣

若想真正从工作中获得快乐，我们就应该把工作当作一种乐趣和挑战，而不是当作一种刻板、单调的苦差事。

很多人都对自己目前的工作感到不满，觉得没什么意思，非常不快乐。他们认为自己是迫于无奈才选择了这份工作；或者他们认为工作枯燥无味，完全不是自己想象中的样子；或者他们抱怨自己运气不佳，没有找到一份自己认为理想且舒服的工作……于是他们在工作中愁眉苦脸、唉声叹气，在无聊中等待下班，在碌碌无为中虚度光阴。

打字员朱丽辛苦工作了一天后，傍晚才回到家中。她腰酸背痛，疲惫不堪，没有胃口，只想睡觉。正在这时，男朋友打来电话邀她去跳舞。顿时，她的眼睛亮了，精神也振作起来了。她换上衣服，冲出门去。一直跳到凌晨2点才回家，而此时她一点也不倦怠，正相反，她兴奋得睡不着觉了。

看得出来，傍晚时分的朱丽之所以显得那么疲倦，是因为她对工作感到厌烦，是因为她没有从工作中寻找到乐趣。

为什么辛勤工作的同时却越来越不快乐？为什么越是努力离快乐就越远？职场中的很多人在30岁左右，往往会遭遇自己事业和生活的“瓶颈”。是时候重新思考自己的人生，调整自己的状态了！怎样才能寻找到工作中的乐趣，并最终获得心灵的满足？

若想真正从工作中获得快乐，我们就应该把工作当作一种乐趣和挑战，而不是当作一种刻板、单调的苦差事。“选择你所爱的职业，爱你所选择的职业”不是一句空话，而且选择一经做出，就不要轻易改变自己的初衷，要在自己所喜欢的职业中尽最大的努力做出成绩。

不要后悔自己的选择和付出，兴趣加上努力，做任何一件事情，都会开花结果。生活的快乐与否，完全掌握在自己的手中，当我们把工作变成生活中的一种乐趣时，那我们自己也就乐在其中了。一旦心情愉快起来，本来你觉得乏味的事情会变得妙趣横生，这正是工作的本质所在。

其实不管你做的工作是高贵还是卑微，都可以从中获得经验、知识和信心，当你全身心投入，心怀快乐地去工作时，工作就会变成一件让你感到开心和有满足感的事，也就不会再让你觉得单调和无聊了，而且工作效率会越高，工作成绩也会越突出。

在美国西雅图海边的派克市场，有一个举世闻名的鱼摊，叫“派克鱼摊”。走进市场，很快就会看见在市场的尽头聚集了一群人，老远就可以听到他们的喧哗声。走近了，你会发现大家像是看街头表演似的，一圈又一圈地围着几个穿着亮橘色的塑胶带裤的年轻小伙子观看。

一位游客选了一条鲑鱼，只见鱼摊伙计不紧不慢地站在原地，抓起鱼顺势向后面的柜台扔去，底气十足地喊道：“鲑鱼飞到威斯康星。”柜台里马上晃出一张明快的笑脸，伸出一只手接住鱼，并大声重复着：“鲑鱼飞到威斯康星。”话音刚落，鱼就包好了，整个动作一气呵成，惹得围观的人齐声欢呼。尽管海风越吹越冷，但是这鱼摊总是被人潮与笑声围得暖烘烘的。

一位来自明尼苏达州的游客一大早就到这里买鱼：“虽然鱼都差不

多，但这里比较有趣，它让我快乐。”

派克鱼摊的故事被写成书、拍成教学录像带、翻译成17种语言，成为世界500强的培训教材。派克鱼摊的老板约翰·横山曾在鱼摊濒临破产的边缘，召集鱼摊的伙计开会，讨论未来该怎样经营鱼摊，一个小伙子提议：“做举世闻名的鱼贩。”在实践中，他们发现快乐对顾客和自己都很重要，顾客因为快乐而喜欢来鱼摊买鱼，自己快乐则使工作效率大大提升，于是他们创造了“飞鱼表演”，在工作中寻找到了快乐！

派克鱼摊的故事带给我们的启示很珍贵：快乐需要去寻找、去发现，只有积极寻找快乐的人，才会找到快乐，享受到快乐；快乐的心情能够促使工作效率提高，能够创造更多的价值。

在工作中，不管你的心情坏到什么程度，只要你以积极的态度去寻找，就一定会发现无限的乐趣。比如，你可以找出最适合自己的工作方式并且依此方式行事，果真如此的话，你一定会发现自己的工作更有成效，而自己也更快乐；同事之间、朋友之间，多多谦让、宽容一些，大家的关系就会融洽很多，工作氛围也就会变得轻松愉快；家庭生活幸福与否会直接影响工作质量的好坏，因此你在拼搏于职场的同时，也应照顾好自己的家庭……

在工作中，你不仅可以追求快乐，还可以创造快乐，让快乐变成一种工作态度，让自己在工作中开心愉悦起来。要做到这一点并不困难，只要从小事开始就可以，比如，你可以时常保持微笑，发挥幽默感，凡事都往好处想，等等。

积极努力地去寻找工作中的乐趣吧，不然你的生活就会暗无天日，而选择一份自己喜欢、适合自己的工作既能够使你不断进步，又能让你从中学到技能，你的生命也会因此而更加充盈。

抓住机遇，创造机遇

机遇到来的时候，不要犹豫，紧紧抓住；机遇流失的时候也不要沮丧，利用自己的智慧创造机遇，即可成功。

《现代汉语词典》中把机遇解释为对人有利的时机、境遇和机会。现实生活中，常有人抱怨自己的机遇没有别人好。其实，机遇是平均分配的，机遇只垂青于那些有准备的人。职场上的主动权，从来都是自己争取来的。当机遇来临时，你要有力量抓得住，那个力量就来自于你平时各方面的积累。积累丰厚，你就可以把握人生的每一次机遇，不断刷新之前的记录，不断去攀登成功的巅峰。

机遇是成功的关键之一，机遇是一切其他因素产生效应的前提，如果没有机遇，纵使你才华横溢、满腔热情也得不到施展抱负的舞台。成功者和失败者最大的区别就在于能否抓住机遇。君子适时而动，英雄应运而生。因此，当机遇来临时，你一定要善于抓住机遇，而不是看着机遇白白溜走。

一天，古希腊大哲学家苏格拉底带领几个弟子来到一块麦地前。那正是收获的季节，地里满是沉甸甸的麦穗。苏格拉底对弟子们说："你们去麦地里摘一个最大的麦穗，只许进不许退，我在麦地的尽头等你们。"

弟子们听懂了老师的要求后，就走进了麦地。

地里到处都是大麦穗，哪一个才是最大的呢？弟子们埋头向前走。看看这一株，摇了摇头；看看那一株，又摇了摇头。他们总认为最大的那一穗还在前面呢！虽然，弟子们也试着摘了几穗，但并不满意，便随手扔掉了。他们总以为机会还很多，完全没有必要过早地定夺。

弟子们一边低着头往前走，一边用心地挑挑拣拣，经过了很长一段时间。

突然，大家听到了苏格拉底如同洪钟一般的声音："你们已经到头了。"这时，两手空空的弟子们才如梦初醒，他们回头望了望麦地，无数株小麦摇晃着脑袋，似乎在嘲笑他们。

苏格拉底对弟子们说："这块麦地里肯定有一穗是最大的，但你们未必能碰见它；即使碰见了，也未必能做出准确的判断。因此最大的一穗就是你们刚刚摘下的。"

苏格拉底的弟子们听了老师的话，若有所悟。

其实，人的一生又何尝不是在麦地中行走，也在寻找最大的那一个麦穗。有的人见到了颗粒饱满的"麦穗"，就不失时机地摘下了它；有的人则东张西望，一再地错失良机。当然，追求高远的目标当然是最好的，但一味好高骛远，最终只能一无所获。现实生活中也是如此，总有些人高傲地认为自己无所不能，抱怨生不逢时、命运不济。其实，与其这样，不如抱着积极进取的精神去创造机遇、捕获机遇，进而占据有利地位。在做这些准备时，很关键的一点就是要尽快创造出与众不同的形象。为自己创造良好鲜明的形象，就相当于把自己的特点放大，并加以适当包装，这样既突出了优点，又达到了比较容易辨认的效果。也好比是把自己推到了机遇的聚光灯下，很容易受到它的青睐与眷顾，离成功更近一步。

一位刚毕业的大学生到一家公司应聘会计，初试时即遭到拒绝，因为她太年轻，公司需要的是有丰富经验的资深会计师。女大学生没有气馁，她对考官说："请再给我一次机会，让我参加完笔试。"考官见她一脸执着，就答应了她的请求。结果她的笔试成绩最好，女孩进入了第二关，接受人事经理的面试。

她没有工作经验，更谈不上资格证书。出于礼貌，人事经理说："今天就到这里，如果有消息我会打电话通知你。"女孩从座位上站起来，向人事经理道谢，并从口袋里掏出一块钱，双手呈给他说："不管是否录取，都请给我打个电话。"人事经理从未遇到过这种情况，说："不给没被录用的人打电话是很正常的事。如果你没有被录用，我打电话有什么意义呢？你到底想知道些什么呢？""请告诉我，我在什么地方不能达到你们的要求，我在哪方面存在不足，需要改进，因为我还要走进考场。""那一块钱……"不等人事经理说完，女孩微笑着解释："给没有被录用的人打电话不属于公司的正常开支，所以由我支付电话费，请你一定打。"人事经理马上微笑着说："请你把一块钱收回。我不会打电话了，我现在就正式通知你，你被录用了。"

人事经理解释说，录用女孩的原因有五点：一是女孩有坚毅的品格。二是女孩有过硬的知识。三是女孩坦言自己没有工作经验，这是诚信。四是女孩有直面问题的勇气。五是女孩有公私分明的原则。自掏电话费，既反映了女孩思维的跳跃，更体现了公私分明的原则，这恰恰是做好财务工作不可或缺的。

上述案例中，女孩以一块钱的成本和独特的智慧敲开了机遇的大门。居里夫人说过："弱者等待时机，强者创造时机。"抓住机遇还是被动的，真正聪明的人还会创造机遇。机遇就潜伏在你的四周，留心周围形势的变化，擦亮眼睛审时度势，一旦瞄准就迅猛出击，这样就一定能够将成功紧紧地握在自己的手中。

勤奋是成功的第一要素

任何事情的发生，都有其必然的原因。要想成为优秀员工，获得丰厚的待遇，你首先要做的就是勤奋、努力地去工作，这是公平的游戏规则。

从古至今，一个人之所以能够取得成功，环境、机遇、天赋等因素固然重要，但更重要的还是他自身的勤奋和努力。“成功来自勤奋”，这是古往今来无数事实证明的一个颠扑不破的真理。

任何领域的成功人士，他们的名声、荣誉、地位，都是长年辛勤工作换来的结果。明代伟大的医学家李时珍为了写《本草纲目》，跋山涉水，采集各种药材，踏破坎坷，搏击逆浪，花了整整三十年的时间。奥地利著名音乐家莫扎特5岁时便写出了钢琴协奏曲，被称为音乐奇才，但他从没有骄傲过，一辈子勤勤恳恳，在实践中千锤百炼，终于成为世人敬仰的音乐家。

勤奋在个人的成长过程中属于非智力因素。非智力因素又称非认知因素，是指那些不直接参与认知过程，但对认知过程起着推动、定向、引导、维持、强化作用的心理因素，也就是智能以外的心理因素。我国桥梁专家茅以升曾经说过：“天资再好，没有勤奋，也会一事无成，反而，有了勤奋，没有天资的人也可以取得成就。”即使天资不好，也是可以用勤奋弥补的。

梅兰芳年轻时，去拜师学艺，师傅说他“一双死鱼眼，灰暗、呆滞”，于是，他就养鸽子，鸽子飞时，他就一动不动地盯着，穷追不舍，直到鸽子飞下来为止。他还养金鱼，眼睛跟着金鱼转。后来，他的眼睛变得炯炯有神，成为京剧大师。

俄国著名学者、诗人罗蒙诺索夫刚进学校学习拉丁文时，同班同学指手画脚地议论说：“看啊，一个20岁的大傻瓜来学拉丁文了。”老师的冷淡、同学的讥笑，没有让他气馁，他更加用心地听讲，刻苦地努力，最终成长为一位具有广泛才学的著名科学家，被誉为“俄国科学的始祖”。

戴尔·卡耐基曾说：“体力劳动需要勤奋，脑力劳动尤其是创造性的思维更需要勤奋，勤奋是创造之神。”在这个世界上，那些只想凭借所谓的天赋取得成功的人终归难以取得骄人的成绩。“天下没有免费的午餐”，任何人要想获得成功，都必须经过不懈的努力。收获成果的多少取决于这个人努力的程度，努力工作，迟早会得到回报的。如果你既不付出又希望得到优厚的待遇，那么，肯定没有任何一家公司会雇用你的。一家知名公司的标语牌写有这样一段发人深省的话：如果你有智慧，请你贡献智慧；如果你没有智慧，请你贡献汗水；如果两样你都不贡献，请你离开公司。

任何一家公司永远都需要勤奋进取的员工，勤奋是保证高效工作的前提，只有勤勤恳恳、扎扎实实，才能把自己的才能和潜力全部发挥出来，在短时间内创造出更多的价值。一些著名的大企业总是把勤奋刻苦、自觉执行作为对员工的最好教育。在一个公司里，并不是具有杰出才能的人才容易得到提升，那些勤奋刻苦、自觉执行的人也有更多的机会。

华勒现在是堪斯亚建筑工程公司的执行副总，但在几年前，他是作为一名送水工被堪斯亚一支建筑队招聘进来的。华勒并不像其他送水工那样，把水桶搬进来之后，就一面抱怨工资太少，一面躲在墙角抽烟。

相反，他热心地给每个工人倒满水，并在工人休息时缠住他们讲解关于建筑的各项工作。很快，这个勤奋好学的人引起了建筑队长的注意。两周后，华勒当上了计时员。

当上计时员的华勒依然勤勤恳恳地工作，他总是早上第一个来，晚上最后一个离开。由于他对所有建筑工作，如打地基、垒砖、刷泥浆都非常熟悉，当建筑队的负责人不在时，工人们总喜欢问他。

一次，负责人看到华勒把旧的红色法兰绒撕开包在日光灯上，替代危险警示灯，以解决施工时没有足够红灯的困难，他决定让这个勤恳又能干的年轻人做自己的助理。现在，华勒已经成了公司的副总，但他依然特别专注于工作，勤勤恳恳，任劳任怨。

勤奋不只是一个简单的名词，它还意味着有决心、有勇气、持之以恒、专心致志。荀子说过："不积跬步，无以至千里；不积小流，无以成江河。"这就告诉我们，要成就一番大事，必须从小事做起，持之以恒，不懈努力。华勒并没有什么惊世骇俗的才华，他正是凭着勤奋、坚持这种美好的品格一步步成长起来的。

鲁迅先生曾说："伟大的事业同辛勤的劳动是成正比例的，有一分劳动就有一分收获，日积月累，从少到多，奇迹就会出现。"不知道你有没有听说过"因果定律"，它是由古希腊著名哲学家苏格拉底提出来的。因果定律认为，任何事情的发生，都有其必然的原因。换句话说，当你看到任何现象的时候，你不用觉得不可理解或者奇怪，因为任何事情的发生都必有其原因。因此，要想成为优秀员工，获得丰厚的待遇，你首先要做的就是勤奋、努力地去工作，这是公平的游戏规则。而且你的勤奋努力不仅可以给老板带来利润的增长，也是你自己的知识、技能、经验增长和发展的机会。实际上，在勤奋努力中你与老板获得了"双赢"。

工作不要等着别人来安排

听命行事、服从精神虽然非常重要，但是个人主动进取的精神更重要。工作千万不要等着别人来安排。

在公司里，经常有一些人闲着无事可干，上级走过去询问原因，他们会说："您安排的事情我做完了，没事啦。"这样的人几乎每个公司都存在，他们认为，做完上级安排的事情就可以了。然而，听命行事、服从精神虽然非常重要，但是个人主动进取的精神更重要。卡耐基曾经说过："有两种人永远将一事无成，一种是除非别人要他去做，否则，绝不主动去做事的人；另一种则是即使别人要他去做，也做不好事的人。那些不需要别人催促就会主动去做应该做的事而且不会半途而废的人必将成功。"因此，工作千万不要等着别人来安排。

有成功潜质的人，总是会主动比别人多付出一点点。其实也只有积极主动地做事情，才会让上级惊喜地发现你实际做的比你原来承诺的要多，你才更有可能获得加薪和升职的机会。

某知名网络有限公司执行董事卫哲刚进入职场时，曾有一段佳话。1992年，当卫哲还在大学就读的时候，他曾到万国证券勤工俭学。他翻译的一份年报得到了万国总裁管金生的肯定，管金生表示一定要见见这个年轻人。就是这次见面，让卫哲成为"中国证券之父"管金生的秘书。

与一般秘书不同的是，卫哲工作时非常主动积极，想老板之所想，急老板之所急。刚开始管金生只是让卫哲翻译年报、剪剪报纸，这些事情对于一般人来说是小事，但是卫哲却把它当成大事，做足了功夫。卫哲十分留心在那么多的剪报中哪些是老板看过的，然后进行引导。这些事情，老板没有要求他这么做。到后来，管金生不看剪报中午就吃不下饭。

作为秘书，卫哲要做给老板端茶倒水这样的小事，他也琢磨出很多技巧。比如开会时，什么时候去倒茶水，才不会打断老板讲话的激情；什么时候光倒水不加茶叶，什么时候该带着茶叶进去；老板有抽烟的习惯，什么时候打火机里的油没了该换个打火机，卫哲都把握得很有分寸。

经过一段时间的观察，管金生认识到，如果再让卫哲做复印、倒水、剪报等事情，就是屈才。于是，24岁的卫哲出任上海万国证券公司资产管理总部的副总经理，成为当时国内证券界最年轻的副总。

主动的员工，会时刻想着自己能为公司多做点什么。“每天多做一点事”的工作态度将会使你与众不同，你的领导和上级愿意加倍信赖你，从而给你更多发展的机会。在新经济时代，只知道“听命行事”的员工已经失去竞争的优势了，今天企业欣赏的是那种不必老板交代，就自动自发去工作的人。因此千万不要认为只要准时上下班、不迟到、不早退就是尽职尽责了，就可以心安理得地去领工资了。工作需要的是一种自动自发的精神，自动自发工作的员工，将获得工作所给予的更多的奖赏。

比尔·盖茨说过：“一个好员工，应该是一个积极主动去做事、积极主动去提高自身技能的人。这样的人，不必依靠强制手段去激发他的主观能动性。”其实，微软企业文化的一个精髓就是员工要自己找事做。具体地说，微软的工作方式就是“给你一个抽象的任务，要你具体地完成”。对于这一点，微软中国研发中心的桌面应用部经理毛永刚深有体会。1997年他刚被招进微软时负责做word，当时他只有一个大概的了解，没有人告诉他该怎么做、该用什么工具。他和美国总部沟通，得到的答复是一切都要靠自己去做。这样，员工才能发挥最大的主动性，设计出最令人满意的产品。最后，毛永刚通过自己的努力，出色地完成了公司交给他的任务。

总之，在任何时候都不要消极等待，企业不需要“守株待兔”之人。在竞争异常激烈的年代，被动就要挨打，主动才可以占据优势地位。拿破仑·希尔曾经说过：“自觉自愿是种极为难得的美德，它驱使一个人在没有人吩咐应该去做什么事之时，就能主动地去做应该做的事。”任何事情就怕人去做，只要你敢于去做，事情就会自然而然地变得顺畅了。之后，你会发现，原来让自己思虑重重的困难，竟然本是小事一桩。成功只垂青于积极主动的人，只要你敢于担当，勇于接受挑战，任何艰难险阻都会变成坦途。

积极工作，勇于创新

在职场上，即使你有丰富的学识，如果不能与时俱进，不能随着变化的环境调整自己、“刷新”自己，缺乏创新精神和开拓意识，也会在自己的职业生涯，尤其是晋升之路上惨遭淘汰。

创新能推动历史的前进。创新的本质是进取，一个人只有求新求异，才能不断地完善自我，取得进步。创新能力很大程度上来自于怀疑和坚持不懈的精神；创新能力在一定的知识积累的基础上，可以训练出来、启发出来；创新最关键的条件是要解放自己。美国哈佛大学的校长普西曾经深刻地指出：“一个人是否具有创新能力，是一流人才和三流人才之间的分水岭。”事实上的确如此，一些人人称羡的发明家、企业家，和普通人最不一样的地方就在于，他们肯积极付出，善于思考，勇于创新，让自己的人生和事业获得跳跃式的成长。

小赵是一名销售安全玻璃的销售员，他的销售业绩一直都是公司的第一名。在一次业务员的销售颁奖大会上，公司老总对小赵说：“小赵，你的销售业绩一直在公司同事中保持第一，你能把你独特的推销方法介绍给大家吗？”

小赵说：“我的方法其实很简单，一锤子买卖。”

“一锤子买卖？这可不行，这会影响我们公司的信誉！”老总急了。

“是这样，”小赵不紧不慢地继续说，“每当我去拜访一个客户的时候，我的皮箱里面总是放了许多块截成15厘米见方的安全玻璃，我随身还带着一个小铁锤。每当我到客户那里后我会问他：‘你相不相信安全玻璃？’如果客户说不相信，我就把玻璃放在他们面前，然后拿锤子往玻璃上一敲。当他们发现玻璃真的没有碎裂开来时，就会惊讶地喊起来：‘天哪，真不敢相信这是真的！’这时，我就趁机问他们：‘你想买多少？’最后，买卖往往直接成交，而整个过程还不到一分钟。”

原来如此。老总赞许地笑了。

当小赵讲完这个故事后，公司几乎所有销售安全玻璃的业务员出去拜访客户的时候，都会随身携带着许多小块的安全玻璃以及一把小铁锤。但经过一段时间，他们发现小赵的业绩仍然维持第一名，对此，他们觉得很奇怪。于是，在第二年的业务员颁奖大会上，公司老总又问他：“我们公司大多数的销售员已经做了和你同样的事情，为什么你的销售业绩仍是第一呢？难道你又有了新的推销秘诀？”

小赵笑一笑，说：“我的秘诀仍然是一锤子买卖。只不过，我知道当我上次说完这个点子之后，其他业务员会很快模仿。所以，自那以后，我到客户那里时，就把玻璃放在他们的桌子上，然后问他们：‘你相信安全玻璃吗？’当他们说不相信时，我就把锤子交给他们，让他们自己来砸这块玻璃。”

一位哲人说过：“踩着前人的脚印前进，最佳结果也只能是‘亚军’。”是的，如果只是一味地模仿别人的经验和做法，而没有自己的吸收和创新，那就只能永远跟在别人的后面。

要想有所创新，我们就必须突破思维定势，但是也不需要像爱因斯坦或是其他伟人一般，摒弃一切传统的看法。有时候只要让脑筋转个弯，哪怕只是个小弧度，就可以了。比如，有人问你，由两个阿拉伯数字“1”所能组成的最大的数是多少？你肯定很快就会回答说是“11”；那么三个“1”所能组成的最大的数是多少？你也会很快就回答说是“111”；如果再问由四个“1”所能组成的最大的数是多少？恐怕你也会很快地回答说是“1111”。这个答案对吗？难道就没有比“1111”更大的数了吗？认真思考一下，你就会知道由四个“1”所能组成的最大的数应该是“11”的“11次方”。

有人说：“在人类日益拥挤的生存空间里，唯一可以使人摆脱拥挤感觉的，不是别的什么，而是创新之路。”在职场上，即使你有丰富的学识，如果不能与时俱进，不能随着变化的环境调整自己、“刷新”自己，缺乏创新精神和开拓意识，也会在自己的职业生涯，尤其是晋升之路上惨遭淘汰。因此，如果你要想在职场生涯中收获更多，就应该努力做一个具备创新精神和创新能力的人。

摒弃拖沓的坏习惯

每一秒都是生命中极为珍贵的时光，一件事情要做就做到最好，工作中，不要再说“有空再做”“明天做”“以后做”“等等再说”这些话，立即行动起来，摒弃拖沓的坏习惯。

你有没有出现过这种情况：上班时间明明知道自己还有很多事没有做完，却仍然在MSN或QQ上孜孜不倦地跟朋友闲聊；明知马上要交策划方案，却还在玩网络游戏、给博客贴照片、在各大论坛看帖子；本来今天可以完成的工作，一定要拖到第二天……

工作中，我们应该摒弃那些拖沓的坏习惯，保持“今日事，今日毕”的工作作风，保持一种积极向上的工作劲头。因为拖沓是一种非常不好的工作习惯，是阻碍个人事业成功的绊脚石。人们尤其会在执行一些非常重大的任务时拖延，这些任务往往聚焦了很多人的目光，他们生怕自己做不好。这个时候拖沓就会跑出来保护他们，暂时缓解焦虑。

无论拖沓的原因是什么，我们想象一下，本来应该今天完成的工作拖到明天才做，其结果会是怎样？无疑，应做而未做的工作会不断给人以压迫感，让人的心理压力越来越大，最终的结果是导致人心情不愉快，总觉疲乏，工作效率低下。职场中的每个人可能都被拖沓这个坏习惯困扰过。殊不知，工作中好的机会往往稍纵即逝，犹如昙花一现。如果当时不善加利用，错过之后就后悔莫及。今天你把事情推到明天，明天你就把事情推到后天，许多机遇就在一而再、再而三的拖延中失去了。

小刘是某报社的一名编辑，办事比较拖沓，对待工作也是如此，比如，常常在工作中积压一大堆的读者来信。如果第一封信中牵涉到一个棘手的问题，他就把它搁置到一旁，找一封容易答复的信去处理。结果，没过多久，他就积攒了满满的两箱没有答复的信。同时，他自己也意识到了这个问题的严重性。

一天，一个朋友对他提出了这样的忠告："不要以为拖拖拉拉的习惯是无伤大局的，它是个能使你的抱负落空、破坏你的幸福甚至夺去你的生命的恶棍。你不该认为你的这种拖沓作风是你固有的个性，或者是一种不可救药的毛病。事实上，这只是一种坏习惯而已，是可以被克服掉的。所以，你不应当回避那些棘手的信，应当首先处理它们。你因此而得到的鼓舞会使剩余的任务迎刃而解的。"

这番逆耳忠言使小刘受到了一次心灵的震惊。是呀，这么多年枯燥、乏味的工作仿佛已经击退了自己对工作的热情。他决心着手解决这个问题，直到彻底战胜它为止。他为自己制定了一项准则：如果有一件事情需要做，立即就付诸行动。最后，小刘终于成功地改掉了拖沓的恶习。

职场上，每一项任务都有一个终极期限。拖沓，对己对人都没有好处。不能按时完成任务，不仅会使个人信誉受损，亦会令上级、同事怀疑你的能力，影响你的职场前途。那么我们应该怎样改掉拖沓这个坏习惯呢？给自己制订一个计划，每天要做的事情一定要做完，否则进行适当的自我惩罚；常常对自己说现在的状态就已经很好，可以开始了；每当有一点进展时都要鼓励自己；要明白所有的事情要达到一个很好的境界，一次是做不好的，要循序渐进才行，可以把任务分成比较容易的小块，化整为零，告诉自己其实每一个小部分都是很容易就能完成的；不要受完美主义的束缚，要意识到一点错误都不犯是不可能的；寻找一切可以找到的帮助，设法降低事情的难度，取得进展；暂时推迟自己想要放弃的心态，每天能多做一点就多做一点。

总而言之，我们应当记住，每一秒都是生命中极为珍贵的时光，一件事情要做就做到最好，工作中，不要再说“有空再做”“明天做”“以后做”“等等再说”这些话，立即行动起来，摒弃拖沓的坏习惯。

放开手脚去“折腾”

能折腾是生命力旺盛的表现。如果没有一颗折腾的心，希望是多么的孱弱无力。所以，我们应该放开手脚，勇敢地去折腾。

很多人一事无成，是因为他们太容易满足了！人生的意义在于干一番事业，在于日日维新。只愿闲坐着走向人生的终点，是一种消极的表现。

因此，我们应该不停地努力，直到精疲力竭了才肯放手，而不管自己已取得了多大的成就。在事业追求上永不满足、开拓进取，才能做到百尺竿头更进一步，从一个高度走向另一个高度。

第一次世界大战后，高尔文从部队复员回家，他在威斯康星办起了一家电池公司。可是无论他怎么卖劲折腾，产品依然打不开销路。有一天，高尔文离开厂房去吃午餐，回来只见大门上了锁，公司被查封了，高尔文甚至不能再进去取出他挂在衣架上的大衣。

1926年他又跟人合伙做起收音机生意来。当时，全美国估计有3000台收音机，预计两年后将扩大100倍。这些收音机都是用电池做能源，于是他们想发明一种灯丝电源整流器来代替电池。这个想法本来不错，但产品还是打不开销路。

眼看着生意一天天走下坡路，他们似乎又要停业关门了。此时高尔文通过邮购销售办法招揽了大批客户。他手里一有了钱，就办起了专门制造整流器和交流电真空管收音机的公司。不到3年，高尔文依然破产了。

这时他已陷入绝境，只剩下最后一个挣扎的机会了。当时他一心想把收音机装到汽车上，但有许多技术上的困难有待克服。到1930年底，他的制造厂账面上已净欠374万美元。

一个周末的晚上，他回到家中，妻子正等着他拿钱来买食物、交房租，可他摸遍全身只有34块钱。然而，经过多年的不懈奋斗，高尔文终于发达起来，他盖起的豪华住宅就是用他的第一部汽车收音机的牌子命名的。后来，他开创了摩托罗拉。

生活中，我们常常会遇到各种困难情景，却又无能为力，这时唯一的办法就是咬紧牙关，相信一切都会过去。历史上那些成功立业的人物都有一个共同的特点，不轻易为“危机、失败”所打败而退却，不达成他们的理想、目标、心愿，就绝不罢休。

英国化学家、物理学家道尔顿从18岁开始科研生涯，从此终生不离开实验室。他对气象、物理和化学三门学科都做出了很大贡献。1844年，他在实验室去世前的几个小时，还像往常一样记录下了当天的气象数据。

对于不满足于既往成就的人来讲，未来是一个永远做不完的梦。事业的成功不会属于那些躺在床上沉醉或在既往功劳簿上休憩的过客。我们在事业追求上永远需要保持不断开拓的进取精神，这样才能从一个高度走向另一个高度。

美国人施瓦伯是一个完全靠自己奋斗出来的农家孩子，他后来曾经做过多位总统的顾问，是世界上许多国家元首的好朋友。他就认为：无止境的活动，乃是人生的目的、人生的终结。施瓦伯说：“有一次，有人来问我，一个大商人赚了很多钱，这种人是否就已经达到了他的目的时，我回答他说：‘如果一个人有达到他目的的时候，他便成不了一个大商人了。有成就的人总是折腾不息，一直到生命结束的时候为止。’”

新闻界的“拿破仑”——伦敦泰晤士报的大老板思克利士爵士说：“我经商并不是为了钱，我已经赚够了钱，远远超过了我之所需。我是为经商而经商。我喜欢做生意，特别是大生意，这是我寻求刺激的一种方式。”

思克利士爵士，最初每月只能拿到80元的时候，他对自己的处境非常不满，之后当他挣到上万时，也不满足，直至成为亿万富翁，他仍不满足，同时他对于那些自我满足的人是很反感的。

人总得折腾，不折腾就对不起自己。只不过有人折腾是往好的方面，有人是往差的方面。总之，折腾是永恒的，如果哪天不折腾了，说明这人也就快不行了。能折腾，是生命力旺盛的表现。喜欢折腾的人，在折腾中体会到生命力的释放；那些不喜欢折腾的人，终究不会有太大的收获。

前进的步伐永不停息

职场如人生，我们总免不了跌倒或无端的迷失。当我们孤独无助，或者不由自主地尴尬，或者碰壁的时候，抱怨只是一种无可奈何的发泄，似乎更加苍白。不如向前试试，你的人生将永不停止，人生的价值才会显现出来。

所有老板都喜欢好学上进的员工。作为一名员工要不断地改善自身不足，并且让老板知道你在努力提高自己，使他欣赏你的这份进取心，让自己成为值得老板培养的员工。

反之，一个不注重学习、不思进取、没有竞争意识的员工，也许可以守着"本分"但不可能给团队创造更大的价值。升职路上的障碍就是你永远不给老板留下好印象。当你让老板知道你是一个不断进取的员工，有了空缺的职位，才有可能想到你。即使你现在还存在一些问题，但是老板愿意相信有进取心的你有毅力去克服各种困难。

一天，一位陆军元帅前来求见拿破仑，拿破仑知道是为了什么。但是，和每一位优秀的领导人一样，拿破仑同意听他讲话。陆军元帅带来了一个大获全胜的好消息，他绘声绘色地讲述着自己的战绩，每一个细节都不放过。

拿破仑静静地听着，没有插一句话。元帅很失望，他本以为拿破仑会热情洋溢地夸奖自己一番，但是没有。

元帅鼓起勇气，将刚刚讲过的话又重新复述了一遍。在他喋喋不休的陈述过程中，拿破仑仍然礼貌地静听，元帅把这当作是鼓励他继续讲下去的表示，因此，继续滔滔不绝地讲着。他心想，拿破仑这一次一定会大大地赞美自己一番了。

当元帅终于讲到无话可讲的时候，拿破仑只问了他一个问题："你第二天做了什么？"

陆军元帅一下子愣住了，支吾了半天却一句话也回答不上来。这次教训让他终身难忘。从那时起，这位元帅明白了一个道理，那就是，别坐在桂冠上休息。因此，从那以后，他都将赞歌留给别人去唱，自己则继续前进。

的确，唯有前进才能不断取得新的辉煌。但有些人常常因为生活或工作中的困苦而选择退却。你可以选择退却，因为你已筋疲力尽；你也可以选择向前，因为你体内涌动着不服输的热血。一时的退却，或许是明智的选择，而人生更多的是争取向前。

总有人抱怨天不遂人愿，抱怨时机不好，抱怨运气不佳……面对挫折，有人退却有人懦弱，但更多的人选择了微笑着保持坚强。

有人曾经因为有几个大学生登山迷途丧生而访问某位登山专家。其中一个问题是："如果我们在半山腰，突然遇到大雨，应该怎么办？"登山专家说："向山顶走。""为什么不往山下跑？山顶风雨不是更大吗？""向山顶走，固然风雨可能更大，却不足以威胁你的生命。至于向山下跑，看来风雨小些，似乎比较安全，但却可能遇到暴发的山洪而被活活淹死。"登山专家严肃地说，"对于风雨，逃避它，你只有被卷入洪流；迎向它，你却能获得生存！"

除了登山，在人生的战场上，不也是如此吗？人生一世，难免经历风雨，是勇敢地迎上去，还是逃避，不同的选择也会导致不同的结果。迎着风雨，战胜它，你就成了你生活的主宰。

的确，生命无法倒退，唯一的选择就是向前进。漫漫人生，我们一路恐惧地向前走，害怕向前但又必须向前走。我们不能停止行走的脚步，或许生命的意义全都在这样一种行走状态中。

人生是没有退路的，就像山路一样，你只要挑上担子，就只要向前走，因为你无法转弯，只能向前。山路一直向前延伸，人也一样！

在一个熙熙攘攘的公园里，突然，一个孩子的哭声吸引了大家的目光，原来是一个仅仅几岁的女孩，头穿过公园的两根铁丝栏杆中间，怎么也回不去。看着那小小的痛苦的脸，许多人都围了过去。

一个男人用力把铁栏杆向两边拉，希望能使小女孩的头退回去。一个老太太也凑到近前，更有几个年轻人寻找着退回去的最佳角度。时间静悄悄地流过了，其他人在一旁呆呆地瞧着。当一切无济于事的时候，有人提出锯断铁栏杆的想法。

就在这时，刚刚走过来的另一个男人大声喊道："这时候别再想退回去了，小孩的头能过，身就能过，向前试试吧！"果然，经过几次尝试，小女孩的身子也钻了过去。

职场如人生，我们总免不了跌倒或无端的迷失。当我们孤独无助，或者不由自主地尴尬，或者碰壁的时候，抱怨只是一种无可奈何的发泄，似乎更加苍白。不如向前试试，你的人生将永不停止，人生的价值才会显现出来。

第四章　时间观念：让效益达到最大化

在职场中，一个时间观念淡漠的人，不仅会影响自己的工作效率，也会降低别人对自己的评价。如果一个人连自己的时间都不能安排好的话，他一定也无法处理好头绪繁杂的工作，无法取得让自己和别人满意的成绩。正确严谨的时间观念，体现着一个人的职业素养，是决定一个人成功的关键。

时间观念是一种必备的素养

时间观念是职场人最基本也是最重要的职业素养，它体现在工作中的方方面面，决定着一个人在职场中迈出的第一步，也将决定着他以后的每一步。

一个人的职业素养表现在很多方面，如丰富的专业知识、熟练的业务技巧、较强的沟通能力、良好的时间观念……其中，时间观念是一个最基本也是最重要的职业素养，它体现在工作中的方方面面，决定着一个人在职场中迈出的第一步，也将决定着他以后的每一步。

守时是职业道德的一个基本要求。如果你要去参加一个面试，最好要提前10~15分钟到达面试地点，这样，你可以利用这段时间熟悉一下环境，稳定一下心神。提前半个小时以上到达有时会被视为没有时间观念，但在面试时迟到或是匆匆忙忙赶到却是致命的。如果你面试迟到，那么不管你有什么理由，你都会被视为缺乏自我管理和约束能力，即缺乏职业能力，给面试者留下非常不好的印象。不管什么理由，迟到会影响自身的形象，这是一个对人、对自己尊重的问题。而且大公司的面试往往一次要安排很多人，迟到了几分钟，就很可能永远与这家公司失之交臂了。

当然，除了守时以外，学会时间管理也尤为重要。

两个商人去大洋彼岸出差，他们乘坐现代最快的交通工具——飞机。因为路途遥远，就算这样也要一天一夜的时间。

刚上飞机的时候，第一个人就开始抱怨，这么长的时间真不知道该如何打发。飞机起飞后，他就显得烦躁不安，一会儿抱怨无聊，一会儿东瞧瞧西看看，一会儿吃点儿零食，一会儿又和邻座的人闲聊……他绞尽脑汁做一些事情来打发时间，但最终没有一件事情能让他安下心来。这一天对他来说简直度日如年。

而第二个人完全不同：他先花半天的时间看报纸，然后吃午餐，稍作休息，接下来花两个小时听音乐，放松心情，然后花一个小时看窗外的风景，顺便思考一些问题，吃完晚餐以后和同事聊天，探讨一下这次出差的相关问题，最后他闭上眼睛休息，一觉醒来飞机已经落地。

走出飞机，第一个人长长地舒了一口气说，终于到了。

第二个人却说，想不到这么快就到了。

有的人让等待有意义，而有的人让等待虚度。一个不会管理时间的人总是在浪费时间，一个懂得管理时间的人则会利用时间。

某大型招聘网站曾推出“职场人迟到特别调查”。调查显示，职场人迟到时间在5分钟内，比例达到了40.7%。紧跟其后的是迟到时间在10分钟以内，比例为34.5%。从这些调查可以看出，七成以上职场人的迟到时间基本上都在10分钟以内。

在很多人的意识中，每天迟到10分钟不是什么严重的问题，但是很少有人想一想这短短的10分钟给自己每天造成了多少负面的影响：你每天要绞尽脑汁去为自己的迟到找借口；你因为迟到而使整个上午甚至整天的工作没有按时完成；你因为迟到而不止一次受到领导的批评……

当你在抱怨没有一份高薪的工作、没有遇到一个和气的老板的时候，请先想一想自己有没有做到最好。关系一个人职场命运的因素很多，很多时候很多情况都是我们无法把握和改变的，但是时间是唯一可以通过我们自己去好好把握好好利用的，如果连时间都利用不好，我们又怎么能在职场竞争中跑在别人的前面呢？鲁迅先生说：“浪费自己的时间等于慢性自杀，浪费别人的时间等于谋财害命。”相信，如果你想取得成功，你不愿浪费自己的生命，而你的老板更不会让你“谋其财害其命”。

鲁迅的成功，有一个重要的秘诀，就是珍惜时间。鲁迅十二岁在绍兴城读私塾的时候，父亲正患着重病，两个弟弟年纪尚幼，鲁迅不仅经常上当铺、跑药店，还得帮助母亲做家务；为了不影响学业，他必须做好精确的时间安排。

此后，鲁迅几乎每天都在挤时间。他说过：时间，就像海绵里的水，只要你挤，总是有的。鲁迅读书的兴趣十分广泛，又喜欢写作，他对于民间艺术，特别是传说、绘画，也深切爱好；正因为他广泛涉猎，多方面学习，所以时间对他来说，实在非常重要。他一生多病，工作条件和生活环境都不好，但他每天都要工作到深夜才肯罢休。

纵览古今中外的成功人士，没有一个是不珍惜时间的，因为他们深知：“节约时间，也就是使一个人的生命更加有效，也就等于延长了人的生命。”

时间是最公正的裁判，不管你是富有还是贫穷，都会公平地分配给你大好的时光，一年365天，一天24个小时，86,400秒，不多不少，就看你如何合理安排了。也许有人会在一天里不仅完成了自己的本职工作，而且还给自己留有富余的时间去学习充电；也许有人会在一天里任时光在迟到、打游戏、聊天、发呆、自怨自艾中白白流过。学着成为时间的主人吧，你会欣喜地发现时间会对你微笑，生活会对你微笑，美好的前途会对你微笑。

按时完成既定的任务

在职场中，懒惰的坏习惯会让人事事拖延，在它的影响下你总是不能按时完成既定的任务，甚至还会导致个人信誉受损、使上级对你的能力产生怀疑，这些都将直接影响你的事业的发展。

你是否出现过这样的情形呢？

面对工作很容易产生拖延的心态，不到最后一刻不得不去处理的时候就提不起精神来处理。在工作中完全处于被动状态，总被一大堆事情推着走。

认为自己像弹簧一样能屈能伸，压得愈紧便弹得愈高，在工作最后的完成期限前，工作效率会大大提高。因此，你通常在很短的时间内完成原定计划内的所有工作，并且在这个过程中体会到战胜挑战的快感和刺激。

害怕自己做不好，因此迟迟不敢动手，在拖延、逃避的过程中恐惧感愈积愈多，到最后不得不硬着头皮去完成任务，此时因为时间短暂，完成任务的质量甚至比平时自己工作的实际质量更差。

想要做到最好，所以总想先做好充分的准备再着手工作，而实际上往往花费大量的时间却做了很少的准备，或者只是陶醉于对完美结果的空想中，最后才发现要做的工作一点儿都没有做。

以上这些都是职场人懒惰心理的表现，这也是在现代职场人中最常见的现象，有人称之为“拖延症”。在它的影响下你总是不能按时完成既定任务，甚至还会导致上级对你的能力产生怀疑，使你的个人信誉受损，这些都将直接影响你的事业的发展。

在美丽的大森林里，鸟儿们每天都欢快地歌唱、辛勤地劳动。有一只鸟儿，它有着漂亮的羽毛和嘹亮的歌喉，于是它每天都到处卖弄自己的羽毛和歌声。看到别人辛勤地劳动，它嘲笑不已，好心的鸟儿提醒它说：“快垒个窝吧，冬天就快来了。”那只鸟儿却轻蔑地说：“冬天还早呢，着什么急呢！趁着现在的大好时光，还是快快乐乐地玩吧！”

但是，冬天很快就到来了。鸟儿们都早就筑好了自己温暖的窝，严寒来临的时候它们早早地就回到窝里休息了，而那只鸟儿因为一直到处卖弄自己的羽毛和歌声没有时间筑巢，在寒风里，冻得瑟瑟发抖，在寒冷的夜里它用颤抖的声音唱道：“哆嗦嗦，哆嗦嗦，寒风冻死我，明天就垒窝。”

第二天，太阳出来了，沐浴在温暖的阳光，那只鸟儿好不得意，它完全忘记了昨天晚上的痛苦，又快乐地歌唱起来。有些鸟儿又开始劝它：“快垒窝吧，不然晚上又要挨冻了。”

那只鸟儿并没有感谢它们，反而还嘲笑它们说：“不会享受的家伙。”

晚上又来临了，那只鸟儿又再重复着昨天晚上一样的事情。就这样它重复了几个晚上，有一天晚上，大雪突然降临了。第二天，鸟儿们奇怪那只鸟儿怎么不出来唱歌了呢？原来那只鸟儿已经被冻死了。

后来，人们给那只懒惰的鸟儿起了个名字，就叫“寒号鸟”。

我们应该吸取寒号鸟的教训，该做的事情要立即去做，不可拖沓。其实工作中的一些问题并不像你想象的那么困难或者复杂，只要你摆脱懒惰，行动起来，你会发现很多困扰你的问题都会迎刃而解，不要像寒号鸟一样，总是推脱，到最后想要行动都没有机会了。要想克服懒惰的缺点，提高工作效率，你不妨从以下几个方面着手：

1.每天为自己列一个工作任务清单

每天早晨，你可以利用起床之前的时间、吃早餐的时间、上班路上的时间，在心中明确今天要做的工作，以及这些工作要做到什么程度，根据这些为自己订一个小计划。当然，如果你把这个计划写在纸上效果会更好，接下来你要做的就是在一天的工作中去落实你的计划。

2.将自己的工作计划告诉你的同事或者家人

将你的工作计划告诉你要好的同事或者家人，让他们监督你的工作进程。你甚至可以和他们打赌，赌你一定会在既定的时间里完成这些工作任务，如果完不成就要接受惩罚。这样一段时间以后，即使没有人监督，你也会养成不拖沓、不懒惰、顺利完成既定工作的好习惯。

3.每天检验自己工作的完成情况

你可以利用每天下班前的一段时间或者晚上睡觉前的时间，来检验一下你今天的工作计划有没有完成。如果你没有完成，那么就要找找自己没有完成的原因，是没有安排好时间，还是其他的事情耽误了，还是你的懒惰心理又在作祟。针对这些影响你完成任务的原因，采取相应的解决办法，以尽力去完成明天的工作计划。如果你完成得很好，甚至还有富余的时间听了会儿音乐、和同事聊了聊明星八卦新闻，那么恭喜你，你已经能够顺利完成既定的工作任务了。接下来的事情就是你要再接再厉，彻底改掉懒惰的坏毛病。当然，你还可以为自己定一个更高的目标，比如，你可以将这些听音乐、聊天的时间用来学习充电，提高自己的知识水平和工作能力。

一只新组装好的小钟和两只旧钟放在一起。两只旧钟“嘀嗒”“滴嗒”一分一秒地走着。其中一只旧钟对小钟说：“来吧，你要开始工作了。可是我有点担心，你走完3200万次以后，恐怕就吃不消了。”

“天哪！3200万次。”小钟吃惊不已，“要我做这么大的事情？我办不到，办不到。”

另一只旧钟却说：“别听他胡说八道。不用害怕，你只要每秒钟摇摆一下就行了。”

“天哪，有这样简单的事情？”小钟将信将疑，“如果是这样的话，那我就试试吧。”

小钟很轻松地每秒钟“嘀嗒”摆一下，不知不觉中，一年过去了，它摆了3200万次。

最后，小钟明白了，只要自己按部就班地每秒钟摇摆一下，摇摆3200万次并不难。

可见，无论做什么工作，只要我们切实行动起来，合理地安排时间，完成既定的工作，你会发现工作其实没有你想象的那么难，同时，也许还有一些你没有发现的事情，那就是，成功正在你按时、顺利完成一个个目标的过程中悄悄向你走来！

今天的事情不要推到明天

“一寸光阴一寸金，寸金难买寸光阴。”在这个世界上，我们所拥有的没有比时间更珍贵、更有价值的东西了。所以在工作中，我们一定要学会珍惜时间，永远都不要把今天的工作推到明天去做。

我国明代大学士文嘉在他的《今日诗》中说道：“今日复今日，今日何其少，今日若不为，此事何时了。人生百年几今日，今日不为真可惜。若言故待明朝至，明朝又有明朝事。为君聊赋今日诗，努力请从今日起。”

美国第三任总统托马斯·杰弗逊曾给他的后代提出十条忠告，其中第一条就是：“今天能做的事情绝对不要推到明天。”

法国博物学家、作家布封说：“最严重的浪费就是时间的浪费。”

达尔文说：“完成工作的方法是爱惜每一分钟。”

……

这些至理名言都是前人对自己生活体验的总结，这其中凝聚着成功的哲理和智慧——珍惜每一天的分分秒秒，今日事，今日毕。

永远都不要把今天的工作推到明天去做，因为你不知道明天到底会发生什么。人一生的时间很长，但是我们能真正把握的却只有今天。抓住了今天，就是抓住了创造明天的机会，就是抓住了让自己的明天更美好的希望。聪明、勤奋的职场人懂得时间就是效率、时间就是成功。他们绝不会把今天的宝贵时光虚掷给明天，因为今天是事业的新开端，是奋斗的新起点，是迈向成功的新的一步。而那些总是寻找种种借口，把今天的工作推到明天甚至以后更远的时间去做的人，他们所毁掉的不仅是自己的工作、自己的事业，甚至是自己的一生。

有一只小井蛙，对来井边喝水的一只画眉鸟说："画眉鸟姐姐，我的朋友们天天笑话我，说我坐井观天，见识短浅。这让我非常气愤。今天，当着你的面，我要表现一下我的雄心壮志，我要订一个计划，从现在开始好好学习，读很多很多的书。我要成为一个知识渊博的学者！"

"好啊，既然已经确定了目标，你就开始为自己的目标努力吧。两年以后，我会再来，来庆祝你成为一名大学者！"画眉鸟说完就飞走了。

第二天，小井蛙便借来几本厚厚的书，坐在井里的石头上煞有介事地看了起来。可是它还没有看几页，就用抱怨的语气说："唉，这本书真是太难了，而且我还没有好好休息，不如我先好好休息几天，等我休息好了，相信这些书对我来说会是小菜一碟！"说完小井蛙就倒头大睡了。

不知不觉一个星期过去了，这一个星期里小井蛙每天都睡得饱饱的，天气好的时候它还会坐到井沿上去晒晒太阳，和蜗牛、蚂蚁、瓢虫吹吹牛、聊聊天，唯独没有读书。这天早上，小井蛙终于又拿出书开始读起来。谁知，刚刚看了不到一页，它就一拍脑门说："今天说好要去教小蝌蚪们学游泳的，到底去不去呢？如果去的话，就会耽误我看书了，不去的话，答应别人的事情又怎么能反悔呢。还是去吧，反正两年的时间长着呢！"说完它就高高兴兴地跳走了。

晚上，小井蛙正准备看书，一抬头却看见了天空中的一轮明月，几颗星星正围在月亮周围眨眼睛呢，小井蛙又禁不住这美丽景色的诱惑，放下书去欣赏夜景去了。

就这样，两年时间很快就过去了，一天早晨，画眉鸟飞来了，它发现小井蛙还在睡懒觉。小井蛙依旧是那只见识短浅的小井蛙。

“莫等闲，白了少年头，空悲切!”不要等到身边的朋友、同事都事业有成，自己的工作仍旧是几年如一日毫无起色的时候再去慨叹、后悔自己在“今日复明日”中浪费了大把时间。如今“时间就是金钱”的观念早已深入人心，对于职场中的人来说，如果能够管理好自己的时间，每天都按时完成工作，不把今天的工作推到明天去做，那么你收获的将不仅仅是丰厚的经济利益，还有突飞猛进、硕果累累的事业。聪明的人从来都知道如何使自己更容易获得成功，今天的事情永远都不要推到明天去做，就是他们通用的一个制胜法宝。

1999年7月的一天，美国洛杉矶地区的气温高达40多摄氏度，太阳炙烤着大地，人们都坐在屋子里不敢出门。在美国海尔贸易有限公司，公司零部件经理丹先生正在和他的员工激烈地讨论一件事情。原来，因为运输公司驾驶员的工作失误，他们多运了一箱海尔洗衣机的零部件到洛杉矶，负责的员工认为这是一件小事，改天找机会把那箱零件调回来就可以了，可是丹先生认为，这属于他们当天工作的内容，一定要在当天完成，怎么能把当天该完成的工作往后拖呢。最终，丹先生亲自冒着酷暑把这箱零部件调换了回来。

正是因为拥有这些工作态度严谨、重视时间、珍惜时间的员工，海尔公司才能在如今竞争激烈的国际市场中占据有利的地位。

“不把今天的事情推到明天去做”“今日事，今日毕”不仅体现着一个人的工作态度，更体现着一个人的职业素养，而且决定着一个人甚至一个企业的前途和命运。

我们的一生也不过几十年，能有多少个明天让我们浪费呢？所以，请抓住今天，永远都不要把今天的事情推到明天去做。

做事要有计划有条理

“用兵之道，以计为首。”在职场中，合理的工作计划是支配我们有效行动的指挥棒，是引领我们通向成功彼岸的灯塔。一个工作有计划、有条理的人，一定是一个工作高效的人，是一个能够向着自己的事业和人生的目标坦然前行的人。

每个人都有自己的理想，但是最终并不是每个人都能实现自己的理想，因为理想的实现离不开计划和行动。没有计划和行动，我们的理想就只能是一厢情愿的空想，它们会像海市蜃楼般虚幻和遥远，最终化为乌有。

要实现自己的理想，首先就要培养自己做事情有计划有条理的习惯。有了计划，就有了实现理想的具体步骤和目标，这样才能避免盲目和不必要的时间、精力的浪费，有条不紊地去实现自己的目标。

有计划有条理的做事方法是实现目标的有力保障。复杂纷繁的工作内容，需要我们有计划有条理地去完成，否则就会像无头苍蝇一样乱飞乱撞，这样浪费了大量的时间却收效甚微，最后弄得自己筋疲力尽却一件事情也没有做好。优秀的职场人无论面对多么复杂的工作都不会忙乱，因为他们在着手具体工作之前就在心中为自己拟订了一个顺利完成工作的合理计划。

1984年，在东京国际马拉松邀请赛中，名不见经传的日本选手山田本一出人意料地夺得了世界冠军。当记者问他凭借什么取得如此惊人的成绩时，他回答说："凭借聪明战胜对手。"

当时许多人都认为这个偶然跑到前面的矮个子选手是在故弄玄虚。马拉松比赛是体力和耐力的较量，只要身体素质好又有耐性就有夺冠的希望，爆发力和速度都是其次的因素，说用聪明取胜似乎有点牵强。

两年后，在意大利国际马拉松邀请赛上，山田本一又一次获得了世界冠军。记者又请他谈谈成功的经验。山田本一回答的仍是那句话：凭借聪明战胜对手。

这一次人们没有再讥讽他，但对他所谓的"凭借聪明战胜对手"迷惑不解。

多年以后，人们终于在山田本一的自传中了解了他是如何"凭借聪明战胜对手"的。山田本一在他的自传中说道："每次比赛之前，我都要乘车把比赛的线路仔细地看一遍，并把沿途比较醒目的标志画下来，比如第一个标志是银行，第二个标志是一棵大树，第三个标志是一座红房子……这样一直画到赛程的终点。比赛开始后，我就以百米的速度奋力地向第一个目标冲去，到达第一个目标后，我又以同样的速度向第二个目标冲去……40多公里的赛程，就被我分解成这么几个小目标轻松地跑完了。起初，我并不懂得这其中的道理，我把我的目标定到终点线旁的那面旗帜上，结果我跑到十几公里时就疲惫不堪了，我被前面那段遥远的路程给吓倒了。

可见，有计划有条理地完成目标，不仅能使我们在工作中节约时间，而且可以防止我们因为背负远大的目标而产生恐惧心理。同时，山田本一的这个故事也告诉我们，在为自己制订计划的时候一定要量力而行，制订的计划要合理，否则很可能就会因为目标过大而产生恐惧和倦怠感，最终半途而废。

做事有计划有条理需要做到做事情时井然有序，不要匆忙、盲目。在工作中，有很多“苦干”“实干”的人，他们看起来勤勤恳恳、忙忙碌碌，按理说他们的事业一定也是蒸蒸日上、成绩斐然，但事实通常并不是如此。因为如果仔细观察就会发现，他们在工作中总是冒冒失失、草率行事，通常做了很多事情却没有取得相应的实质性的收获，因为没有计划没有条理地工作，他们的工作效率永远是很低的。

西班牙智慧大师巴尔塔沙·葛拉西安曾告诫我们：做任何事情都不要太匆忙，忙乱中容易出差错；也不要太轻率大意，不要急于表态或发表意见。

冒失是指一个人对任何事情都不能做到深思熟虑，往往只凭一时冲动就匆忙做出决定，有时甚至不计后果，这是一种轻率的表现。冒失的人懒于思考、轻率行动，他们通常不考虑主客观条件和后果就贸然行事；他们的生活节奏快，做事匆忙，往往一件事未干完便去干别的事，或者几件事情一起干，结果每件事都没有干好。

在非洲撒哈拉沙漠深处有一片与世隔绝的绿洲，当地人称之为比赛尔。比赛尔的人没有一个走出过茫茫大漠，不是他们不愿意，而是无论他们怎么努力都没办法走出去。

20世纪初，一个叫肯·莱文的西方探险家来到了这里，比赛尔人告诉他：从比赛尔出发，无论朝哪个方向走，最后都会毫无例外地回到出发点。他们说这是上帝的旨意，上帝让比赛尔人世世代代生活在这个与世隔绝的贫穷的地方。莱文当然不会相信什么宿命，有一天，他开始从比赛尔向北走，不到5天他就走出了沙漠！

为了弄明白比赛尔人为什么走不出去，莱文回到比赛尔特意雇了一个当地人，让他在前面带路，自己跟在后面走，并且莱文将自己随身携带的指南针收了起来。10天过去了，他们走了近1000里路，却还没有走出沙漠。第11天的早晨，他们两个人居然又回到了比赛尔！莱文终于明白了，比赛尔人世世代代走不出沙漠，是因为他们根本不认识北斗星！莱文告诉比赛尔人：只要你们白天休息，夜晚一直朝北方的那几颗星星走，就能走出沙漠。最终，比赛尔人走出了沙漠。

如今，每年都有数以万计的游人到比赛尔旅游，比赛尔人也摆脱了贫穷，比赛尔成了撒哈拉沙漠中一颗璀璨的明珠。

我们常说行动是开启成功的钥匙，其实更确切地说，应该是有计划有条理的行动是一定能够打开成功大门的金钥匙。在职场中，如果没有目标没有计划盲目行动，就会像比赛尔人一样永远都走不出那可怕的困境。而有计划有条理的做事方法会像北斗星引导着比赛尔人走出宿命和无知的困境一样，引导我们一步一个脚印地走向成功。

时间就像牙膏一样要靠挤

其实，“挤时间”是件很容易的事情，如果你有心去做，你会发现，它就像挤牙膏一样简单。

“多少事，从来急；天地转，光阴迫。一万年太久，只争朝夕。”这段妙笔体现出作者对于光阴的珍视，后来，这句话也成为很多职场人激励自己奋力拼搏的座右铭。

我们经常会听到周围的同事抱怨：“我没有时间”“我的工作太忙”“我走不开”……的确，很多职场人看似每天都忙忙碌碌，他们忙着乘地铁、忙着赶公交车、忙着吃午饭、忙着工作、忙着开会……似乎没有一点闲暇，于是他们没有时间学习，没有时间总结自己的工作，没有时间锻炼身体，甚至没有时间吃饭。但是，真的一点时间都没有吗？鲁迅先生说过：“时间就像海绵里的水，只要愿意挤，总还是有的。”

其实，“挤时间”是件很容易的事情，如果你有心去做，你会发现，它就像挤牙膏一样简单。比如，你可以利用上下班的时间，来听听收音机，了解时事动态，你也可以练习自己的英语听力，还可以利用这段时间来规划一天的工作；如果你经常等地铁、公共汽车，你可以利用这些时间读报纸或者公司的文件。总之，时间只要挤，总是有的。

现代经济学家、厦门大学原校长王亚南小时候就胸有大志，酷爱读书。他在读中学时，为了能有更多的时间读书，特意把自己睡的木板床的一个脚锯短了半尺，这样床就成了三脚床。每天他读书到深夜，累了就躺到床上去睡一觉，当他睡着的时候一翻身，床就会向短脚的方向倾斜过去，他一下子就被惊醒了，于是，他立刻又开始伏案夜读，天天如此，从未间断过。因此，每次考试他都能取得优异的成绩。由于王亚南一生勤奋刻苦读书，后来，他终于成为我国杰出的经济学家。

时间可以成就一切学业、事业。聪明的人视时间如钻石，愚钝的人则视时间若泥沙。如果能把时间当成钻石一样珍惜而不懈努力，那么世间就没有完不成的事情，人生就没有达不到的目标；相反，如果把时间当作泥沙一样任其在我们指缝间白白流走，消极懈怠，那样终将一事无成，抱憾终身。

现代的人生活和工作节奏越来越快，很多人常常感到时间紧张，根本没时间来读书学习，吸收知识充实自己，而知识的不断更新和增长却是一个人获得成功所不可缺少的。所以，要想取得事业上的成功，要善于利用时间，善于在忙碌的生活中挤时间，以利用这些时间来为自己充电，充实自己。正如鲁迅先生说的，凡在事业上有所成就的人，都有一个诀窍，变“闲暇”为“不闲”，也就是说不图清闲、不贪逸趣。

我国早期的革命家邓中夏先生，在北大读书时，给自己规定了严格的学习时间，为不受人干扰，尽可能多地挤出时间来读书，他写了一个“五分钟谈话”的纸条贴在自己的书桌上，来找他的同学们看到字条后，如果没有重要的事情便会马上离开，不影响他学习。有的同学还从他那儿得到启迪，像他一样抓紧时间读书，不再虚度年华。

可见，大凡有大志向、大成就的人都惜时如金，他们都善于“挤”时间，善于利用一切可以利用的时间来学习和工作。美国人说，时间就是金钱。我们也可以说，时间就是事业和财富。所以，如果想在自己的事业上取得更大的成就，创造更多的财富，就要学会“挤”时间，学会充分利用时间来工作和学习，这将使你受益终身。

抓住时差就是抓住机会

俗话说:“读书趁年幼，致富要趁早。”这句话如果拿到职场中同样适用，但是它有一个另外的含义——努力要趁早，成功要趁早。

时间就是金钱和效率。当我们知道了时间的神奇后，也就能够了解同样的资金在5年前投资和在5年后投资的回报是不同的。同样，在我们的事业中，5年前就开始努力为成功准备和5年后才开始努力也必将会有截然不同的结果。“早起的鸟儿有虫吃。”所以，要想比其他人更优秀，就需要无论做什么事都比别人提前一步。“机会只给准备好的人”，所以在职场中，越早努力也就会越快获得成功和财富，抓住了时间差就是抓住了机会。

当你还在因为和机会擦肩而过，机会从来都没有垂青过你而懊悔、烦恼的时候，不如立刻行动起来。因为，早一天努力永远会比晚一天甚至不努力要好得多。这就是我们要抓住时间差的理由。成功的人总是懂得如何通过利用时间差来争取机会，创造成功和财富。很多时候，时间差会给人带来意想不到的成功!

1995年8月以前，万维网的域名全是免费注册的。有一天，华盛顿大学的一名四年级学生伯纳斯·李心血来潮为自己注册了一个域名:cool.com。同学们纷纷嘲笑伯纳斯的做法，他们不明白，一个穷学生要一个域名有什么用。那时候的伯纳斯·李只想挣到足够的钱，用于支付自己的学费和房租。有一次，他差一点就把那个域名以不到一万美元的价格给卖了。到了1996年，伯纳斯每周要接到两个电话，打电话的人都是想买cool.com这个域名的，这其中竟然有一家航空公司。但是伯纳斯没有答应任何人。后来，想买这个域名的人越来越多，多得简直让只想静心搞研究的伯纳斯没有宁日，最后，他只好把这件事委托给一名律师，而最后这名律师将这个域名以300万美元的价格转让给了一家著名的消费品生产商。当时，也有不少人嘲笑这家公司：7个字母加一个圆点，8个符号而已，花这么多钱简直是发疯了！可是不久，这家公司让这个域名的价格升到了3800万美元。

再后来，不可思议的事情就接踵而至了：比尔·盖茨利用cool.com的技术，成立了世界上独一无二的微软公司，并使自己成为世界首富。

事物之间都是存在着普遍联系的，在职场中也是一样，任何人都不可能依靠空想而得到成功，好的结果需要好的过程去创造，只要你比别人先行动了一步，你离成功就会比其他任何人都近一步。而且，就像伯纳斯·李一样，一旦你抓住了时间差，掌握了先机，你就等于抓住了成功的机会。而在你走向成功的过程中，你会真切地看到时间差给你带来的惊喜，你会发现好的机会会像蝴蝶效应一样越来越多越来越大，最终，这些机会推动着你的事业达到成功！你可能会觉得是机会成就了你，其实是你自己成就了你自己，因为你抓住了时间差！

马云曾经说过："我自己觉得，算，我算不过人家，说，我说不过人家，但是我创业成功了——如果马云能够创业成功，我相信80%的年轻人创业都能成功。"这无疑是对我们一个莫大的鼓励。其实，在马云的成功故事中我们同样能够看到时间差对一个人事业的巨大作用。

马云首次接触互联网是在1995年初，在美国偶遇互联网对对电脑一穷不通的马云来说是一个新领域的冲击。马云发现当时的互联网上没有任何关于中国的资料，出于好奇，他便请人为自己的翻译社（1991年，马云曾和朋友成立了一个翻译社）做了一个网页，没想到，3个小时他们就收到了4封邮件。马云敏锐地意识到：互联网必将改变世界！虽然当时的马云已经是杭州十大杰出青年教师，但是看好互联网未来、特立独行的马云毅然下海，开始筹备创业。

“当时觉得互联网不错，就找了24个人到我家里，对着他们讲了2个小时，他们没听懂，我自己也没讲明白。最后，其中23个人说算了吧，只有一个人说你可以试试看，不行赶紧逃回来。想了一晚上，第二天一早我还是决定继续做，于是成立了中国黄页。其实我知道，即使24个人都反对，我也会做下去！”

创建企业黄页网站，每天出门对人讲互联网的神奇，请人家心甘情愿同意付钱把企业的资料放到网上去，当时，几乎没有人相信马云。1995年，很多人根本不知道互联网是什么东西。在那段时间里，马云常常被人们当成骗子。但是，渐渐地，马云的网站为上网的企业带来了客户，他的网站开始盈利了。

1996年，马云的营业额不可思议地做到了700万元！1997年，在国家外经贸部的邀请下，马云带着自己的创业班子挥师北上，建立了外经贸部官方网站、网上中国商品交易市场、网上中国技术出口交易会、中国招商、网上广交会、中国外经贸等一系列国家级站点。马云的成功史也从此拉开了序幕。

“凸出的颧骨，扭曲的头发，淘气地露齿而笑，拥有一副五英尺高、一百磅重的顽童模样……”《福布斯》的封面文章曾经这样介绍马云，但是正是“这个长相怪异的人有拿破仑一样的身材，同时也有拿破仑一样的伟大志向”的人，在自己的成功道路上抓住了先机，最终他取得了辉煌的成功！

所以，如果你想要得到机会的垂青，想要取得事业的成功，都要提早行动。人生没有假设，更没有可逆性，时不我待，从今天开始，从现在开始，比别人早一步行动起来，你也就会比别人更早取得成功！

时光不会倒流

就像洒出来的水不会再回到杯子里一样，时光流过，任何人都无法挽回。我们所能做的就是把握现在、珍惜现在，不要让现在变成以后的遗憾。

有人说，如果时光可以倒流，我希望回到我的大学时代，我一定会好好学习专业知识；

有人说，如果时光可以倒流，我希望回到我的第一个工作岗位，我一定不会让自己因为失误而失掉那么好的工作机会；

还有人说，如果时光可以倒流，我将兢兢业业地学习、工作，付出我全部的精力，那样就不会像现在这样一事无成了……

然而，时光不会倒流。就像洒出来的水不会再回到杯子里一样，时光流过，任何人都无法挽回。我们所能做的就是把握现在、珍惜现在，不要让现在变成以后的遗憾。

有一天，佛陀和尊者阿难到舍卫城中去化缘。在城里，他们看到了一对上了年纪的老夫妇，他们衣衫褴褛，头发花白，牙齿也都脱落了。他们弯腰弓背拄着拐杖穿行在城里的大街小巷，到垃圾堆中寻找食物。远远望过去，那对老人像两只瑟缩在沼泽边的鹳雀，但是两个人互相对视时，眼神里充满了贪婪的欲望。

佛陀对阿难说："你看那两位老迈的夫妇，像两只鹳雀一样弓背弯腰颤抖着，当他们对视时，你看到他们眼中贪婪的欲望了吗？”

“是的，我看见了，世尊。”阿难回答道。

佛陀又对阿难说：“这对老夫妇如果能在他们年少力强的时候勤奋劳动，积攒财富的话，恐怕现在已经是这城里的首富了；而如果他们年轻的时候能够剃度出家，修习佛法，估计现在也已经是道行很高的尊者了。但是你看他们，一生都没有做好俗家人在世间应该做的事情，也没有出家修行，以致蹉跎了大好岁月。如今他们已经很老了，身体越来越不行了，却既无钱财，又无谋生技能，他们再也没有学习谋求钱财的技能的机会了，也没有修习佛法的时间了，他们这一生都虚度了啊！”

曾国藩说过：“天可补，海可填，南山可移。日月既往，不可复追。”时光易逝，一去不回，我们一定要学会把握时间，利用好自己的每分每秒，去创造自己的事业和财富，不要像故事中的那对老夫妇一样，错过了年轻时候的大好时光，最终一事无成。每一个成功的人，都是勤奋、努力的人，每一个成功的人都是善于抓住时间、管理时间的人。

有些人叹息时间是不公平的，他们总说：“我们一同进入公司，做同样的工作，为什么在同样的时间里别人加薪升职，而我却还在原来的位子上？”但是他们没有思考，自己是否有效地利用了时间。所以，如果不能有效利用时间的话，时间的天平也是会倾斜的。如果你在时间的天平上放上“勤奋努力”的砝码，时间的天平就会向你倾斜，回报给你更大的价值。如果你在时间的天平上放上“碌碌无为”的砝码，时间的天平就会向另一端倾斜，回报你一成不变的工作和薪水。“勤奋努力”的砝码越大、越重，你获得的成就才会越大。

贝尔从技工学校毕业以后进入了一家汽车修理厂做修理工。从进厂的第一天起，他就开始不停地发牢骚，不是嫌修理的工作太脏太累，就是嫌工资少福利差。他总觉得自己是在受折磨，觉得自己每天像奴隶一样卖苦力。所以，后来他干脆就不怎么干活儿了，老板不在的时候他就坐在一边休息，或者这边看看那边转转；老板在的时候他就装装样子，拿着工具煞有介事地鼓弄鼓弄。而其他三个和贝尔一同进厂的员工，每天都在兢兢业业地工作，还经常虚心地向老员工请教、学习。

转眼几年过去了，当时与贝尔一同进厂的三名员工，各自凭着自己精湛的手艺，有的另谋高就，有的被公司送大学进修了，只有贝尔，仍旧在做一名普通的修理工。

人们常说机遇难逢，机不可失，时不再来，根本就在于时间不会倒流。哈雷彗星76年才接近一次地球，如果这次看不到，也许今生就很难看到了；奥运会4年一届，运动员如果错过了这一届，下一届要拿金牌也许就比较困难了。人的事业也是如此，在激烈残酷的职场竞争中，也许你今天没有努力明天就会被淘汰了。

时间就是生命，它不可逆转，也无法取代。浪费时间就是浪费生命，而一旦把握好时间，你就掌握了自己的生命，并能够将其价值发挥到极限。把握住了时间就是抓住了自己人生和事业的掌控权，就能让自己的生命和事业不断增值！

做一个守时的人

做一个守时的员工，就是要做到无论做什么事情都有很强的时间观念，事事守时，才能获得领导的肯定和赞赏。

英国有一句谚语说：“守时是高尚的品质。”在职场中，时间观念反映着一个人的工作态度，上班经常迟到、工作经常不能按时完成的员工，不是一个合格的员工。经常不守时的人会失去他人的信任和尊重。

守时是一种美德，代表着礼貌和信誉。懂得珍惜时间的人，不仅仅要注意不浪费自己的时间，也要时时注意不能耽误别人的时间。做一个遵守时间的员工，就是要做到无论做什么事情都有很强的时间观念，事事守时，才能获得领导的肯定和赞赏。

有一次，德国哲学家康德想要去一个小镇拜访他的老朋友威廉先生。于是，他提前写信给威廉，说自己将会在3月5日上午11点钟之前到达他家。

康德3月4日就到达了小镇，第二天一早他租了一辆马车赶往威廉先生家。威廉先生住在一个离小镇十几英里远的农场里。而小镇和农场之间，隔着一条河。马车来到河边时，车夫停了下来，对车上的康德说：“先生，对不起，我们过不了河了，桥坏了。”

康德只好从马车上下来，他看看时间，已经10点多了，他焦急地问："附近还有没有别的桥？"

车夫回答："有，先生。在上游的地方还有一座桥，离这里大概有6英里。"康德问："如果我们从那座桥上过去，以平常的速度多长时间能够到达农场？""最快也得40分钟。"车夫回答。这样康德先生就赶不上约好的时间了。

于是，康德便想尽办法及时修好了那座桥。

马车终于平安地过了桥。10点50分的时候，康德准时来到了老朋友威廉的家门前。一直等候在门口的老朋友看到康德，大笑着说："亲爱的朋友，你还是像原来一样准时啊。"

康德和老朋友度过了一段快乐的时光，但是他对于为了准时到达朋友家所经历的事情只字未提。后来，威廉先生从别人那里听说了这件事，就专门写信给康德说：老朋友之间的约会大可不必如此煞费苦心，即使晚一些也是可以原谅的，更何况是遇到了意外呢。但是康德却坚持认为守时是必要的，不管是对老朋友还是陌生人。

守时是一种美德，它能展现一个人的价值观、时间观以及人生态度。在职场中，守时更是建立信誉的第一步。没有人愿意与一个不守时的人为友。在职场和商场中，守时的人是值得信赖的员工和合作伙伴，他体现一个人对对方的真诚。守时，不仅节约自己的时间，也为自己赢得了朋友，它的重要性是无可比拟的。

有一次，搜狐的张朝阳在美国为了申请到一笔风险投资资金，约定第二天上午9点与美洲银行的人进行谈判。那时，张朝阳对旧金山的地理环境和交通状况还不够熟悉，所以，为了不迟到，谈判前一天的晚上，张朝阳便把旧金山电子地图下载到了笔记本电脑中，然后记住了到达美洲银行的路线。

第二天，张朝阳很早便出门了，但谁知那天当地工人举行大罢工，公路完全被堵住了，整个公路变成了停车场。

情急之下张朝阳就把车停到停车场，跑步去美洲银行。但是当他到达美洲银行总部的时候，还是迟到了半个小时，所以他最终没有争取到那笔资金。因为在美国人的观念里，连约会都不能守时的人，是不值得信赖的。

每个人的时间都是有限的，所以不仅要学会珍惜自己的时间，更要懂得珍惜别人的时间，守时是对别人的尊重，任何一次不守时的行为都可能让我们与机会擦肩而过。

在职场中，一个守时的员工也许他的工作不很出色，但是因为他的守时通常会给领导留下一个好的印象；相反，一个工作能力很强的员工，如果经常迟到则会让领导对他产生反感，而且在很多时候，一个不守时的人是很难把工作做好的。守时是对别人的礼貌和尊重，也是一种习惯和责任。在职场中，一个守时的员工会赢得别人的尊重，会为自己赢得更多成功的机会。

当机立断，不拖延

印度IT业的领袖阿姆兹·普雷姆吉说：“好的战略只是成功的1/3，更重要的是抓落实。”离开了行动，再好的战略也毫无价值。

拖延时间，几乎是所有职场人都具有的一种恶习。有些人认为，偶尔拖延一下没有什么大不了，反正也没有造成什么严重的后果，但是，很多事情通常是有第一次就有第二次、第三次、第四次……一旦拖延成了一个无法改变的恶习，必然会造成大的恶果，或许这个恶习将最终使我们与成功无缘。

所以，不管做什么事，只要你考虑好了就立即动手去做，绝不拖延。有时候也许你只拖延了一分钟，却错过了一个等待十年都不会再出现的机会。不要等到酿成大祸之后才后悔自己没有及时行动，只要你考虑清楚了，就要在心里大声地告诉自己：现在就行动，马上！

一天晚上，李嘉诚在一本杂志上读到一则消息：意大利一家公司开发出了塑料花，即将投放市场。李嘉诚心中一亮，这不正是自己公司大发展的良机吗？

第二天一早，李嘉诚就放下自己手中繁杂的工作，只身前往意大利“偷艺”。到了意大利，李嘉诚费了很大的周折，才在那家生产塑料花的公司找到了一份搞清洁的工作。

在那家公司做清洁工期间，李嘉诚每天都推着小车在各个车间清理废品，他认真观察塑料花的生产流程，倾听员工们有价值的谈话。回到宿舍，他就迫不及待地把自己看到的听到的东西详细记录在笔记本上。经过一段时间的学习，李嘉诚掌握了塑料花制作的工艺流程和技术要领，他就购买了各式各样的塑料花，装了一大包，带着资料和样品回到了香港。一回到工厂，他就重金聘请了几位塑胶专家开始研究开发具有东方格调的塑料花。不久，李嘉诚的工厂生产的塑料花上市了。凭借物美价廉的优势，李嘉诚在香港引发了塑料花热潮。几年以后，李嘉诚就成了世界著名的“塑料花大王”。

第一天晚上在香港得到消息，第二天就到意大利学习技术，正是这种果断和快捷让李嘉诚抓住了发展的良机，一举成就了自己辉煌的事业。

所以，无论什么事，我们不只要想到，最重要的是要做到，因为只有行动才能让我们的思想变成现实，才能让我们的梦想成真。能否把思想以最快的速度转化为行动，是天赋相近的人在成就上产生天壤之别的关键。

成功的人都是积极主动的人；而那些庸庸碌碌的人则几乎都是消极被动的人。积极主动的人总是认真切实地将自己的想法付诸行动，直到达到自己的目标；消极被动的人则会找借口拖延，最后，很可能的结果是，他们的想法已经来不及实施了，或者已经被别人先实施了，他们根本没有再实施的必要了。

1974年，保罗·艾伦在一本杂志上看到一篇介绍世界上第一台微型计算机的文章，他感到一场计算机的革命就要来临。艾伦急忙拿着那本杂志去找比尔·盖茨。看了那篇文章，盖茨与艾伦决定共同创业。在随后的8个星期里，他们夜以继日地工作，用Basic语言编出了一套程序。他们带着程序走进那家微型计算机生产厂，与厂家签订合同：厂家付给他们3000美元，以后每出一份拷贝再付30美元的版税。1975年，比尔·盖茨和保罗·艾伦成立了微软公司，后来他们让所有人看到了自己的发展和成就。

在1974年，也许最先读到那篇有关微型计算机的文章的人不是艾伦；相信，看过那篇文章的人很多，其中技术水平和知识水平最高的，很可能也不是艾伦和盖茨；意识到计算机革命即将来临的人也不可能只有他们两个，但是为什么微软却没有在其他人手中产生？

因为盖茨和艾伦一发现机会就牢牢地将它把握住了。把握机会可以使后起者超过先行者，可以使技术水平低的人战胜强大的对手。

阿姆兹·普雷姆吉是印度IT业的领袖、《福布斯》杂志评出的全球10位最有影响力的富豪之一。1977年，普雷姆吉发现计算机市场具有巨大的商机，他抓住IBM撤离印度的时机，集中全部精力和财力主攻软件市场。当年投入的200万美元后来逐渐增长到几十亿近百亿美元。因为，他坚信："好的战略只是成功的1/3，更重要的是抓落实。"离开了行动，再好的战略也毫无价值。

第五章　主动充电：提升自我，适应职场变化

如今社会的发展日新月异，竞争日趋激烈，在这样的环境中，不前进就相当于后退。企业如果不注重发展，墨守成规，就无法跟上时代的步伐；员工如果不通过学习来提升自己，就失去了前进的动力，最终，会成为企业的绊脚石，被企业淘汰。所以，作为一名员工，我们需要不断地学习来充实自己，提高我们的工作能力，适应不断发展变化的职场要求。

通过学习来提高竞争力

“未来唯一持久的优势是，比你的竞争对手学习得更好。”这是彼得·圣吉给职场人的忠告。

每一个职场人都应该学会从工作需要出发，有意识地去学习、充电，从而不断充实自己，提高自己在职场中的竞争力，适应不断变化的职场环境，最终拥有驰骋职场、决胜职场的能力。

在西方白领阶层中流行着这样一种观点：“一年不学习，你所拥有的全部知识就会折旧80%。你今天不懂的东西，到明天早晨就过时了。现在有关这个世界的绝大多数观念，也许在不到两年时间里，将成为永远的过去。”可见，在如今瞬息万变的知识经济时代，要想在职场中立足，就必须通过不断的学习来弥补自己的不足，使自己的业务素质和综合技能不断得到磨炼与升华，避免因为知识不够而阻碍自己的发展。身在职场中的人，需要时刻提醒自己不断学习以提高自己的工作能力和竞争力。

敬一丹是大家都熟悉的中央电视台一位著名的主持人，然而，有些人也许不知道，敬一丹进入中央电视台工作的时候已经33岁了，在中央电视台这个人才济济、竞争激烈的环境中，敬一丹深刻地认识到，自己只有不断学习，付出更多的心血和汗水才不会被淘汰，才能站得住脚。

所以她一直虚心学习，经常在办公室加班加点到深夜，最终使自己在中央电视台有了一席之地。在敬一丹40岁那年，她忽然产生了一种深深的危机感和失落感，看到镜子里自己眼角细密的皱纹，她的内心充满了苦涩和忧郁，她觉得自己的人生也许就这样了，自己不会再有多大的成就了。后来，母亲的一句话点醒了失落中的敬一丹，她的母亲说："你不觉得这十几年来，你是越来越美丽了吗？每一个人都不可避免会变老，有的人只是变得老而无用，可是有的人却会变得有智慧有魅力……"

那一刻，敬一丹的心里豁然开朗，年轻女主持人的本钱是美丽和青春，而40岁的自己，虽然青春和美丽已经不再，但自己可以通过学习来提升自己，靠自己的智慧、学识、修养和内在的气质来赢得观众的喜爱。所以，敬一丹重拾信心，一直通过学习来充实自己、丰富自己。她用自己的能力和魅力得到了人们的肯定和支持。

学习可以弥补一个人某些方面的弱点，学习是使自己在竞争中立于不败之地的有力保证，学习是任何时候都不会"过时"的事情。

全球第一女CEO、惠普公司董事长兼首席执行官卡莉·费奥瑞纳曾经学过法律，也学过历史和哲学，但她学过的这些专业知识都不是她最终成为惠普公司CEO的必要条件。卡莉·费奥瑞纳并不是学习技术出身，而她之所以能够在惠普这样一家以技术创新而领先的公司拥有如此高的职位，取得如此大的成就，完全是因为她从不间断地学习。

她说："不断学习是一个CEO成功的最基本要素，要在工作中不断总结过去的经验，不断适应新的环境和新的变化，不断体会更好的工作方法和效率。""很少有人能具备与生俱来的领导能力，真正成功的领导者肯定是在工作中不断积累经验、不断学习而逐步成功的。"

纽约一家公司因为经营不善被法国一家公司兼并了。在签订兼并合同的当天，公司新任总裁宣布："我们不会因为兼并而随意裁员，但如果你的法语太差，无法和其他员工交流，那么我们不得不请你离开。这个周末我们将进行一次法语考试，只有考试及格的人才能继续在这里工作。”

听到这个消息，几乎所有的员工都涌向图书馆，只有一个员工像平时一样直接回家了，其他人都认为他肯定不想要这份待遇丰厚的工作了。但是结果却令所有人都跌破了眼镜，这个被大家公认为最没有希望的人却考了最高分。

原来，这位员工在刚来到这家公司后，就已经认识到自己身上有许多不足。从那时起，他就开始有意识地提高自身的能力。无论工作多么繁忙，他都会抽时间熟悉公司所有部门的业务，并谦虚地向同人请教，很快就熟悉了整个工作流程。更难能可贵的是，作为一个销售部的普通员工，他还时常向技术部和产品开发部的同事们学习相关的技术知识，所以他每次都能对客户的问题对答如流。他还发现公司的客户多半来自法国，于是在工作之余开始刻苦地学习法语。当同事都在请公司的翻译帮忙翻译与客户的往来邮件与合同文本时，他已经能够自行解决这些问题了。

学习是一个点滴积累的过程，不能等到需要的时候才开始，临时抱佛脚的学习有太大的功利性，也往往不会有什么效果。

每一个职场人都渴望成功，但是很多人却不知道成功的道路永远只有一条，那就是不断地学习，提高自己的竞争力。在竞争激烈的今天，每个人都应该为自己不断地充电，充实自己。所以，作为一个职场人，不论你正处在自己职业生涯的哪一个阶段，都应该时刻学习，以使自己能够在竞争中脱颖而出。

给自己制订一个学习计划

没有计划就会一事无成，甚至连生存都会成为一个大问题。在学习中同样如此，有计划地学习才能够提高学习效率，快速实现自己的目标。

有人叹息，我也学习了，努力了，可为什么比别人获得的少？这是有效利用时间的问题。有的人事半可以功倍，有的人却事倍功半，差别就在时间利用得是否有效。利用时间是要讲究方法的，在人体最舒适的时间进行体育锻炼；在心思沉静的时候读书思考问题；在少年时记忆知识，且掌握优秀的记忆方法；为自己的学习明确目标，且制订好计划，都可以事半功倍，反之效果就可能极差。

制订计划能够极大地提高目标实现的概率。有句老话是这样说的："吃不穷，喝不穷，计划不到就受穷。"可见计划的重要性。没有计划就会一事无成，甚至连生存都会成为一个大问题。在学习中同样如此，有计划地学习才能够提高学习效率，快速实现自己的目标。

舒乐博士准备在加州建设一座水晶教堂，但是，教堂最终的预算为700万美元。700万美元对当时的舒乐博士来说是一个不仅超出了能力范围，甚至超出了理解范围的数字。当天夜里，舒乐博士拿出一张白纸，在最上面写了"700万美元"，然后又写下了十行字：

1.寻找1笔700万美元的捐款；

2.寻找7笔100万美元的捐款；

3.寻找14笔50万美元的捐款；

4.寻找28笔25万美元的捐款；

5.寻找70笔10万美元的捐款；

6.寻找100笔7万美元的捐款；

7.寻找140笔5万美元的捐款；

8.寻找280笔2.5万美元的捐款；

9.寻找700笔1万美元的捐款；

10.卖掉10000扇窗，每扇700美元。

60天后，舒乐博士用水晶大教堂奇特而美妙的模型打动了富商约翰·可林，他捐出了第一笔100万美元。

第65天……

第90天……

8个月后……

第二年……

1980年9月，建造工程历时12年、可容纳一万多人的水晶大教堂竣工，它成为世界建筑史上的奇迹与经典，也成为世界各地前往加州的人必去瞻仰的胜景。而水晶大教堂的最终造价为2000万美元，这些全部是舒乐博士一点一滴筹集而来的。

不是每个人都要建一座大教堂，但是每个人都可以为自己的目标做规划。摊开一张白纸，写下你的学习计划——每天记20个单词、每周读一本书、每个月……

学习是一个循序渐进、不断积累的过程，任何事情都不可能一蹴而就，所以，先为自己制订一个学习计划，按照计划一步一步达到自己的目标。

新东方学校被人们称为“出国梦的制造者”，其创办者俞敏洪也被誉为中国最富有的老师。俞敏洪的成功过程，就是他一步步实现自己的人生规划的过程。而俞敏洪这种规划人生的思路，来源于他小时候父亲做的一件事情。

俞敏洪的父亲是一个木工，经常会去帮别人建房子，每次建完房子，他都会把别人废弃不要的碎砖破瓦捡回来。久而久之，俞敏洪家的院子里就形成了一个砖头碎瓦堆。俞敏洪一直奇怪，他不知道父亲要这一堆废弃的东西有什么用。直到有一天，在他家的院子里，一间四四方方的小房子居然拔地而起，那间小房子就是父亲用捡来的碎砖破瓦盖起来的。父亲把本来散养在院子里到处乱跑的猪和羊赶进小房子，他们家的院子立刻显得干净整洁了许多。他们家的小房子很长时间都吸引着村里人羡慕的眼光。

父亲的举动向俞敏洪阐释了做成一件事情的奥秘。后来，俞敏洪也为自己的人生确立了三个目标：第一，要上大学；第二，成为中国最好的英语词汇老师之一；第三，要做中国最好的英语培训机构之一。

俞敏洪一步一步向着自己的目标努力着，他的人生也在按照自己的计划一步步进行。如今，俞敏洪让世人看到了他心目中的那座“房子”。

相信每个人心中都有一个关于未来的美好理想，就像俞敏洪心中的“房子”一样。我们应根据自己的需要、自己职业规划中长期和短期目标，并全面考虑，预期将会面临的阻碍等因素，为自己制订一个完善、合理的学习计划，一步步充实自己，提升自己的能力，这不仅有利于实现自己的学习目标，更有利于我们职业生涯的发展。

向周围的每一个人学习

我们不应该像蚂蚁，只是一味收集，也不应该像蜘蛛，只从自己肚子里往外抽丝。我们应该像蜜蜂，既采集又整理，这样我们才能酿出甜蜜的蜂蜜来。

培根说过：“我们不应该像蚂蚁，只是一味收集，也不应该像蜘蛛，只从自己肚子里往外抽丝。我们应该像蜜蜂，既采集又整理，这样我们才能酿出甜蜜的蜂蜜来。”的确，“尺有所短，寸有所长”，只要我们用心观察，就会发现每个人身上都有他特有的值得我们学习的亮点。

在如今科技迅速发展、知识不断更新的社会中，要求我们每一个职场人都要有与时俱进的意识，要想适应不断发展变化的工作，就要不断地学习，而学习的一个最重要的途径就是向他人学习。“三人行必有我师”，每个人都有自己的长处，都有值得我们学习的地方，我们可以学习他人的技术，学习他人处理事情的方式，学习他人一切值得我们学习的东西，以取他人之长补自己之短。善借外智，才能开阔我们的思路；善借外力，才能帮助我们攀上高峰。

波司登股份有限公司董事长高德康曾经是一个农民，创业之初，他依靠自己组织的一个缝纫机组给上海的一家服装加工厂加工服装赚钱，而如今波司登已经成了中国羽绒服第一品牌。

人们经常会问，一个只有小学文凭的人是如何成为亿万富翁的呢？其实，高德康的成功并不是偶然的，他的成功得益于他坚忍不拔、吃苦耐劳的精神，但最重要的是他善于学习的精神。即便是成功以后的高德康也始终没有停止过学习，高德康总是在反省自己，为了一些自己想不明白的问题，他曾特意跑到北大、清华上了一年学。他说："我经常总是先听人家讲，然后抓住要害，再在实践中去检验，到最后看结果，看到底是不是真的。"

虽然高德康只有小学文化，但他现在最大的爱好是看书。"时间再紧张，学习也不能马虎。平时很少有时间去看书，有的时候在飞机上看看。"

一个山沟里的农民最终竟成了一位亿万富翁，获得"全国纺织工业系统劳动模范"称号，带动了百万农民致富，使自己的产品在行业中连续11年全国产销量第一，原因何在？看了高德康的故事相信大家都明白了他成功背后的奥秘，不错，那就是不断地学习。

向他人学习应该掌握最佳的学习方法，具备很强的学习能力。不要自满，因为自满自足是学习最大的敌人，它会挡住我们继续前进的视线。学习必须从不自满开始，无论取得多好的成绩，也不能停顿。同时，向他人学习，归根到底是为了提高自己，所以，学到东西以后还要付诸实践，让学到的东西真正为我所用，让学到的东西帮助我们走向成功。

奥普浴霸的创始人方杰早在澳大利亚留学的时候就有意识地到澳大利亚最大的灯具公司打工。当时他还不懂商业谈判技巧，但是他知道自己的缺陷，所以有意识地提高自己的谈判本领。

他当时的老板是一个谈判高手，所以，每当有机会与老板一起进行商业谈判的时候，方杰总是在口袋里偷偷装一个微型录音机，把老板与对方的谈判内容录下来，然后再回家偷偷地听，揣摩、学习，看看老板是怎样分析问题的，对方是怎样提问的，老板又是怎样回答的。通过这样的学习，几年以后方杰也成了一个商业谈判的高手。最后老板退休了，把位子让给了方杰。到了1996年，方杰已经成了澳洲身价第一的职业经理人。后来，方杰回国创业，成就了后来的奥普浴霸。

可以说，方杰并不是一个天生的生意人，但是他懂得“取人之长，补己之短”，不断向他人学习，最终创造了他今天的成功。

俗话说：学无止境。随着社会的不断发展，人人都在不断进步，所以，职场人更应该树立“活到老，学到老”“三人行必有我师”“取长补短”的观念，虚心地向他人学习。有这样的态度，才能不断提高自己，不断适应千变万化的职场。

多向老员工取经

老员工的工作经验胜过黄金万两。他们的经验都是自己在一点一滴的打拼过程中总结出来的职场生存真谛，具有极高的“含金量”。

身在职场，很多人或许因为缺乏经验，或许由于不了解职场规矩，会遭遇一些挫折和迷茫。俗话说“姜是老的辣”“老将出马，一个顶俩”，这些都说明了老员工由于工作经验丰富，能在一定程度上比一般员工更有优势。因此，在职场中，如果我们能够善于向职场前辈们学习，就可以让我们少走弯路，就能掌握宝贵的成功经验，我们的职场命运也会因此而与众不同。

在职场中，老员工的工作经验胜过黄金万两。他们的经验都是自己在一点一滴的打拼过程中总结出来的职场生存真谛，具有极高的“含金量”。在职场中，向老员工学习，会让我们的职场之路少一些挫折和失败，多一些坦途和成功。

朱迪毕业后进入了一家广告公司工作，汤姆是公司中年纪比较大的一名员工，但是他和朱迪一样，都是普通职员，朱迪见公司里和汤姆年纪差不多的人职位都比汤姆高，心中不免对他有些轻视，以为汤姆是一个能力平平的人。工作一段时间以后，朱迪做了一个广告企划方案，但是由于刚到新单位，她对自己多少缺乏一些信心，鼓不起勇气把方案给总监。有一天开会的时候，总监因为员工们提不出好的项目方案而大发雷霆，朱迪就更不敢把自己的方案拿给总监看了，但是另一方面，朱迪又觉得自己的方案比较成熟，应该具有很强的可行性。内心矛盾挣扎了两天，朱迪终于鼓起勇气把方案呈给了总监，但是总监似乎看都没有看就把方案给毙掉了，而且没有给朱迪任何理由。朱迪很委屈，她无法理解总监的做法。

后来，汤姆看到了朱迪的企划案，觉得朱迪做得很好。朱迪很奇怪地问汤姆："既然方案不错，为什么总监还毙掉呢？前几天他不是还在为没有好的企划案而发脾气吗？难道是因为我个人的原因？"汤姆说："不是的。你想想，总监前几天开会的时候因为没有好的企划案而大发雷霆，后来他不得已挑选了一个还过得去的方案报审通过，并且已经在准备执行了，你现在才把自己的企划案拿给他，如果撤销那个报审通过的案子，不是明摆着是说他以前对报送的企划案就不满意吗？谁会拿起石头砸自己的脚呢？"朱迪听了汤姆的话才恍然大悟。后来想起这件事来，她甚至还有些后怕，如果当时总监因为这件事而迁怒于她，后果真的不堪设想。

从那以后，朱迪遇到问题总是注意和汤姆以及公司里的其他员工讨论、交流，请教他们的看法。朱迪在公司的工作逐渐得心应手，她也成为被大家欢迎和喜欢的一名好员工。

在职场中，要多听取和采纳老员工的意见，不要因为有些老员工职位低就轻视他们，认为他们没有能力，因为既然他们是老员工，就一定有比我们更丰富的工作经验，重视他们的意见会让我们少走很多弯路。

在职场中，向老员工学习必须积极主动、态度谦卑，这样才能使他们对我们产生好感，当我们遇到问题和困难的时候他们才会愿意帮助我们，切忌骄傲自满、自以为是。同时，在工作的过程中不明白的问题要多向老员工请教，或者要善于观察，观察老员工处理事情的方式方法。这样才能不断地为自己积攒实力，让自己在职场中更快成长。

一个刚刚毕业的博士生被分到一个政府部门工作，他是那个部门中学历最高的人。

有一天这个部门内部组织活动，到一个小池塘去钓鱼，博士生选择了一个环境优美的地方，部门正副主任也在他的附近钓鱼。

一会儿，主任放下钓竿，伸伸懒腰，“噌噌噌”从水面上走到了对面的厕所。

博士生看得眼睛都直了。莫非主任会水上漂的神功？要知道，这个池塘可是很深的啊。

没过多久，副主任也起身去厕所。和主任一样，副主任也是“噌噌噌”地漂过了水面。

这次博士生吓得差点晕倒，怎么会这样？莫非自己身处一个江湖高手云集的地方？还是这池塘有什么奥秘，人走在上面不会沉下去？这时，博士生也想去厕所了。可是池塘两边有很高的围墙，去对面的厕所至少也得走十分钟，回单位又太远，怎么办呢？他又不愿意去问两位主任，过了一会儿，博士生终于忍不住了，他提起裤脚也学着两位主任的样子往水里跨过去，只听“扑通”一声，博士生一头栽到了池塘里。

幸好两位主任离他不远，及时把他拉了上来。主任问他：“你为什么要往水里跳啊？”博士生说：“为什么你们可以走过去呢？”两位主任相视一笑说：“因为这池塘里有两排木桩，这几天下雨水漫过了木桩，我们都知道这木桩的位置，所以可以踩着木桩过去啊！你怎么也不问一声呢？”

高学历不等于高能力，因此，任何人遇到不明白的问题都应该积极地向别人请教。

三人行必有我师，任何人都有值得我们学习的地方，任何人也都不是完人，不可能没有任何缺点和不足。在竞争激烈的职场中，如果还摆高学历的架子，那就注定会走向失败。学历代表过去，只有学习能力才能代表和决定未来。尊重有经验的人，向有经验的人学习，才能在职场中少走弯路。

在工作中不断总结学习

如今商场和职场的竞争，与其说是大鱼吃小鱼、快鱼吃慢鱼，不如说是聪明鱼吃愚笨鱼。而一个人的“聪明”恰恰来源于日常工作中不断地总结、学习和创新。只有不断总结学习，工作才能有所长进，才能将工作做得更加出色。

时间是一个储蓄罐，一分一秒地在积累。当储蓄罐累积满了，你便拥有了一定的财富。只不过这财富不是金钱，而是经验与业绩。

所有技能都需要不断地总结、学习和积累。飞行员翱翔蓝天须长时间地飞行学习和积累。弹好钢琴需要每天坚持不懈地练习改进。小学、中学各需要6年才能毕业，大学也需要4年。职场中的我们同样需要学习和积累，在平时的工作中，总结和积累工作经验，不断充实自己，才能厚积薄发，最终创造一番事业。

两个农村青年一起去山上采石头，一个把采到的石块砸成石子运到路边，卖给了建房子的人；另一个则直接把石块卖给了城市里的花鸟商人。因为他采到的石头都是奇形怪状的，他认为卖重量不如卖外形。三年后，把石头卖给花鸟商人的青年成了村里第一个盖起瓦房的人。

那位农村青年家的瓦房盖好的那一天，他在自己日记本上写下了一句话：要寻找与他人不同的优势。

后来，政府不允许在山上采石头了，村里人便在山上种起了果树。每到秋天，漫山遍野的水果招来了各地的客商，他们把堆积如山的水果成筐地运往北京、上海等大城市，有些还出口到了国外。就在村里人为卖水果带来的富裕日子欢呼雀跃时，曾经卖石头的那位青年却卖掉了自己的果树，开始种柳树。因为他发现，来这儿的客商不愁挑不到好水果，只愁买不到盛水果的筐，五年后，这位青年成为第一个在城里买房的人。

在他拿到城里房子钥匙的那一天，他在日记本上写下了一句话：要先于他人发现市场需求。

再后来，一条铁路从山村贯穿南北，铁路可以北到北京，南抵九龙。小村对外开放，果农也由单一的卖水果开始到谈论果品加工和市场开发。就在一些人开始集资办厂的时候，那个青年在他的地头砌了一堵三米高、百米长的墙。这堵墙面向铁路，背依翠柳，两旁是一望无际的万亩梨园。坐火车经过这儿的人，在欣赏盛开的梨花时，会突然看到四个大字：可口可乐。据说这是五百里山川中唯一的一个广告，而那位青年凭借这堵墙，第一个走出了小村，因为他每年有四万元的额外收入。

后来，他再一次在日记本上写下了一句话：如果能够排除竞争，你必然能够成为最大的赢家。

与其说那位最终获得大成功的青年是一个天才经营者，不如说他是一个善于学习和总结的人。如今商场和职场的竞争，与其说是大鱼吃小鱼、快鱼吃慢鱼，不如说是聪明鱼吃愚笨鱼。而聪明恰恰来源于日常工作中不断地总结、学习和创新。只有不断总结学习，工作才能有所长进，才能更容易将工作做得更加出色。

小王出生在一个普通的农村家庭，经过不懈努力考上了大学。大学毕业后，他被分配到市里的陶瓷厂。到了工作岗位后，让小王没有料到的是自己的工作竟然是清洁员，他心里很不是滋味，真想辞职不干了。

后来，小王了解到，这个厂里一共有300多人，其中有200多个大学生，而这些大学生大多在基层工作。所以小王的内心平衡了很多，他想，既然是领导分配的工作，就好好做吧。在工作中，小王开始动脑筋想如何更快更好地扫好地。前一任清洁员一天扫好多次，厂区里还总是不干净，而小王一天只扫三次，就能让厂区保持干净。小王还利用节省出来的时间学习业务，并向厂里老员工学经验，很快就掌握了不少新知识。半年之后，厂里的一位业务员离职，小王参加了内部招聘，并以很高的成绩赢得了这个职位。此后，小王依然在努力工作的同时不忘学习充电。

六年后，小王离开陶瓷厂，雄心勃勃地来到北京求职，成功应聘上某IT企业部门经理的职位。他恪尽职守、敢作敢当，充分发挥了自己的聪明才智，并获得了董事长的器重。为了进一步考查小王各方面的能力，公司在半年多的时间里给予了他各种考验，他都一一通过了。小王出色的经营业绩与管理能力得到了董事们的一致认可，他最终成为这个大公司的总经理。

很多时候，人们的起点都是一样的，但最终取得的成就却不同，甚至是天壤之别。这其中一个最重要的原因就是人们是否在工作中不断总结学习。从一定意义上说，未来的竞争就是学习的竞争，我们要通过在工作中不断总结、学习，提高自己的工作能力。

千万不要因为自己一时的松懈放纵，而使自己远远落在别人的后面。因为落后就会被淘汰。世界上最可怕的事情就是你比别人聪明，但是别人比你更加努力，这就是人们之间产生差距的原因。

擅长学习并自主创新

“专业人才应该像海绵一样，不断努力地从周围发生的事情中汲取营养。”创新，就是为自己的事业发展开拓和创造更好的机会、更大的空间。

“创新”一词起源于拉丁语，它的原意有三层含义：第一，更新；第二，创造新的东西；第三，改变。

信息技术高速发展的今天是一个创新的时代，在这个时代中最需要的就是创新人才。在职场中同样如此，擅长学习并能够将学到的知识运用到工作中、变成有创意的员工，是推动一个企业发展的动力之一，这样的员工也必然会受到领导的重视和重用。

福特公司的创始人亨利·福特曾说过：“不创新，就灭亡。”在商场中身经百战的亨利·福特深知创新对一个企业生存和发展的重要性。创新是企业生存的根本、发展的动力、成功的保障。

布娃娃是深受儿童喜爱的一种玩具，在玩具市场上，由于制造厂家很多，几乎没有哪一种玩具产品能够在市场上占据主导地位。后来，香港的一个玩具公司的老板在布娃娃的生产和销售中运用了一种创新的方法——以广为人们熟悉的童话故事《椰菜头娃娃》中的主人公作为玩具形象，将自己生产的一系列玩具娃娃称为“椰菜头大家族”，使得这个公司生产的布娃娃——椰菜头娃娃一举成名。

新问世的“椰菜头娃娃”在当时的玩具市场上具有完全与众不同的特点：每个娃娃的面孔、发型、服饰都不相同，每个娃娃都有自己的姓名，每个娃娃的屁股上都印有娃娃的“出生”年月日、生肖，附有“出生证”。

这家公司在营销时宣扬说“椰菜头娃娃”是“不卖的”，只能“认养”，只有愿意“认养”的“父母”——玩具的主人发誓把布娃娃当作自己的“小宝宝”后，才有资格办理“认养”手续。老板还许诺，等到娃娃“周岁”时，娃娃的“父母”及娃娃还会收到厂家赠送的一份“意想不到的礼物”。

经过这一系列的创新，这个公司生产的玩具娃娃备受儿童和大人的宠爱，价格大涨，销量大幅度上升，为这家公司带来了很大的利益。

可见，创新其实并不难，有时候它只是一个小小的创意、一个比别人“棋高一着”的小点子，但是它却具有强大的影响力，它不仅可以成就一个人的事业，甚至还可以挽救一个企业，为企业创造巨大的财富。

但是，一个人的创新能力不是天生就有的，这需要不断地学习和积累。巴西埃索石油公司董事长格尔克曾说过：“专业人才应该像海绵一样，不断努力地从周围发生的事情中汲取营养。”西门子公司一直鼓励员工要积极地从工作过程中学习、向同事学习、向竞争对手学习，鼓励他们在商业实践经验中学习，随时随地、持续不断地吸收和学习新知识。

一位妇女下岗后再就业，在一个机关招待所当一名服务员。一天，一位客人叫住她，让她帮忙到街上买一块香皂，她很奇怪，因为每间客房里都配有一次性的香皂，为什么这位客人还要自己买呢？后来，这位客人解释说，他不喜欢使用小香皂，因为它又小，质量又差，最关键的是，这种一次性的小香皂使用的时候很不容易抓住，一不小心就掉在地上了，使用起来很不方便。

第二天，那位客人走了，女服务员收拾客人房间的时候发现，昨天她给客人买的香皂只用了一点点，而招待所配备的香皂已经开了包装，不能再用了。她觉得很可惜，后来，她灵机一动，如果有一种空心的香皂，不就能解决香皂小不实用、香皂大又浪费的问题了吗！于是，她开始自己动手设计起来，很快她便拿到了“空心香皂”的专利证书，最终将自己的创意变成了生产线上的产品，从此以后，她收到了络绎不绝的来自各地的订单。当年她就一跃成为身家数十万的女老板。

这位女服务员的故事让我们看到，有时候财富和机遇就蕴含在平凡的事物中，只要你善于学习、善于观察，创造财富和成功并不难！

也许你曾经接受过高等的教育，具有很丰富的理论知识，但是在信息高速更新的时代，很多在学校学习到的知识已经不够用了。所以，在职场中要不断地更新和丰富自己的知识，然后到实践中去创新。对于同样的工作，在做的时候多思考一些，看看有没有更便捷、更周全的办法，在不断摸索和创新中寻找更好的途径，这其实也是在为自己的事业发展开拓和创造更好的机会、更大的空间。只有这样才能使我们保持旺盛的斗志和创造力，才能将我们的职场之路走得更远、更宽！

学习的脚步永不休止

“物竞天择，适者生存。”在职场中，要想不被淘汰，要想获得更高的职位、更多的薪水，就要不断地学习，增强自己的竞争力，使自己在激烈的职场竞争中立于不败之地。学习是永无止境的，不管在什么时候，我们都不可以停下学习的脚步。

作为一名员工，不论你正处在职业生涯的哪个阶段，你学习的脚步都不能稍有停歇，要把自己的工作视为学习的殿堂。因为，你的知识对于你所服务的公司而言是很有价值的，所以你一定要坚持不懈地学习，不要让自己的知识和技能落在其他员工的后面，否则，你将面临被淘汰的危险。

一个不懂经商的人从商几年以后，把自己仅有的一点本钱都赔光了，在他走投无路的时候他去祈求上帝。上帝被商人的虔诚感动了，就问商人：“你需要我给你什么帮助呢？给你一大笔金钱作为重新经商的资本怎么样呢？”

商人说：“万能的上帝啊，即使您给我再多的金钱，如果我不懂经商之道的话，早晚有一天我依旧会一贫如洗的。其实，和金钱相比我更想获得经商的秘诀。”

于是，上帝指着一座房子里的书对商人说：“经营的秘诀就在这些书里，你自己慢慢去寻找吧！”

一年之后，商人读完了房子里所有的书，当他走出房子的时候，人们发现虽然商人消瘦了很多，但是他的目光中充满了睿智和自信。商人重新踏上了经商之路，他白手起家，很快就富甲一方。后来，商人感慨地说：“世界上最宝贵的财富就是知识啊！”

这虽然只是一个故事，但它生动地说明了知识强大的力量。知识犹如一块金子，能使拥有它的人闪耀出绚烂的光芒。当然，职场中也不例外，知识是任何一名员工得以优秀的资本。在任何一家企业里，作为员工，不管他有多么强壮的身体、多么敏锐的头脑和多么良好的人际关系，如果他缺乏知识，那么也只能算是一个毫无用处的摆设而已。

“学海无涯”，学习知识是没有止境的。一个人只有活到老学到老，才能永远领先于别人。因此，在职场中我们只有随时随地、不遗余力地去获取知识，才能提高自己的竞争力，实现自己的人生价值。

网易CEO丁磊从1989年开始接触电脑，到1994年关注互联网，再到成立网易，以及后来他在事业上取得那么大的成就，二十多年间，他几乎没在互联网这个行业里偏离过多少。虽然他也失败过，但是他善于学习，不断进取的精神支持着他一直辉煌地走到今天。

网易2000年6月30日上市，但公司从上市开始就几乎一直在亏钱，到了2001年甚至亏了2亿元人民币，后来几年，丁磊总结了自己犯过的错误，认真学习了西方的企业史等各种相关知识。有一次，他看到一本书中说娃哈哈把矿泉水卖到了新疆的一个小村庄。于是，他从中受到很大的启发和教育。后来他开始投入做游戏，当时赚得很少，但他还是坚持继续做，因为他觉得应该向浙商的企业学习，一步一步积累财富。就这样，到了2006年，网易的净利达到了12亿元人民币。

丁磊不仅学习经商的方法，而且他还学习如何管理财富，怎样把钱用好用对。丁磊说："一个人在自己的人生发展和理想实现过程中，一定要给自己制订一个终生学习计划。不要以为在学校里才是学习，其实你到了社会中，在工作单位你都不要忘记学习，都要记住看书，都要记得不断去思考、探索，不断分析和总结，不要停在人云亦云的角度上，做一个有分析能力的人。我相信只有不断学习的人，未来的职业生涯或者人生才一定会非常丰富，而且精彩。"

的确，就像丁磊说的那样，在职场中，"只有不断学习的人"才能在学习中不断丰富和完善自己，使自己的职业生涯更加丰富、精彩。

"物竞天择，适者生存"是大自然不变的定律，同样，对于职场中的我们而言，要想在这个竞争激烈的社会上站稳脚，就要求我们在工作中不断总结经验，不断适应新的环境和新的变化，不断创造更好的工作方法。哪怕我们只是一名微不足道的小职员，但是我们的知识水平、业务水平的提高也都将直接影响我们事业的发展，让我们学习的脚步永不停止，为公司创造更高的利益，是我们的责任也是我们发展自己的必要手段。

"活到老，学到老"这是我们中国传统的美德，也是我们进步的一个标尺，将这种精神发扬到我们每一个员工的身上，相信我们终究会像雄鹰一样海阔天空任翱翔。

不要荒废你的专业

作为职场人，如果要避免被淘汰的命运，让自己有更好的发展，就要努力提升自己的专业技能，使自己成为那个不可或缺的人。

如果把职场比作战场，那么不同专业的人就是不同的兵种。在战场上，不同的兵种在作战中起着各自不可替代的作用，同样，在职场中，我们要利用自己的专业知识才能让自己在职场中变得“不可替代”。“永远不要荒废你的专业”，这是跨国企业的一条“军规”。

企业间的竞争，从某个意义上来说是人才的竞争，准确地讲，应该是专业人才的竞争。一个专业的人才，需要具备丰富的理论知识（书本知识），更需要具备实践经验，三年、五年，甚至十年，才能真正培养出一个优秀的专业人才。所以，作为职场人，我们永远都不要荒废自己的专业，不要放弃自己成为“不可替代”的人的机会。

在农村长大的小张获得了计算机专业硕士学位，他顺利地找到了一份与自己的专业对口的工作——在一家IT企业做工程师，薪水颇丰。但是，工作以后他渐渐自满起来，工作的干劲少了，学习新知识、新技术的热情也没了，每天只是很被动地完成工作。

后来，公司新招了一个和小张同样学历的新人，在专业技术方面他丝毫不比小张差，因为，小张从毕业以后就几乎没有学习过与自己专业相关的新知识，和新毕业的人相比，他甚至还有些落后了。而且那位新人还考取了高级程序员的证书；工作干劲和学习热情都比小张更胜一筹。小张感到了竞争的压力，但是荒废了很多年的他很难再迎头赶上了，上司越来越器重那位新人，最后小张迫于压力不得不辞职了。

原本小张的专业与职业结合得很好，但是高薪、高职位让他骄傲自满，他以为只要凭借自己的专业知识就能胜任日常工作，就能永远保住既有的身价。殊不知任何行业对从业人员的知识和技术要求是在不断更新的，如果不能应对这种需要，那么职业人的职业竞争力就会下降，被后来居上者“打败”。所以，即便是有了高薪、高职位，不注意学习，也会被无情地淘汰，丧失来之不易的发展机会。

在职场上，没有终生的雇佣关系，如果你的发展跟不上职业的发展，那么你就会成为公司可有可无的人。因此，作为一名从业者，要想避免被淘汰的命运，让自己有更好的发展，就要努力提升自己的专业技能，使自己成为“不可替代”的人。当别人有的能力你也具备，而你有的能力别人又没有的时候，你就成了“不可替代”的人，你也就有了拿高薪、坐高职位的资本。

有一次，一个化妆品公司的副总从一个调色师的工作台前路过，看到调色师正在调一种口红，于是随口说了一句：“这口红的颜色看起来并不好看。”

这时候，那个调色师站起来说：“第一，亲爱的副总，这个口红的颜色还没有完全定案，定案以后我会拿给您看，您可以到那时候再决定用还是不用。第二，亲爱的副总，我是一个专业的调色师，我有我独特的眼光，而且我相信我的眼光。第三，亲爱的副总，这个口红是给女人用的，而您是位男士。如果所有的女人喜欢您不喜欢，没有关系，如果这个颜色您喜欢，女人却不喜欢，那它就真的没有价值了。”

当时，周围的人们都以为调色师得罪了副总，肯定会受到训斥，但是这位副总却说："你让我看到了你专业负责的态度，我会向上级推荐你，希望你的这支口红能够大卖。"

可见，一个具有很高的专业技能的员工，在工作中会具有很强的自信心，他相信自己的能力并懂得利用自己的专业优势为企业创造更多财富，而企业需要的正是那些能够创造更多财富的人。

永远都不要荒废自己的专业，因为它是使你与众不同的标志，也是你成为企业"不可替代"的人的根本。不断丰富提高自己的专业水平，能使一个员工在变化无常的环境中应付自如，取得其他不具备这种专业能力的人所无法取得的财富、机会和领导的重视。

善于在失败中学习

成功一定有理由，失败一定有原因，我们不要为失败找借口，而是要积极寻找失败的原因。当一件事情没有达到我们预想的效果时，它一定是有原因的，找出原因并加以分析，我把它称之为对失败的反思。失败的反思往往能够更快地提升一个人的能力。

很多人之所以没有得到自己想要的东西，没有实现自己的理想，往往并不是因为他们没有足够的知识和能力，阻碍我们成长最重要的杀手是我们身上有太多不好的习惯。比如，做事情总是差不多、经常迟到、言而无信、自制力差等，这些坏习惯严重地影响我们的生活和工作。成功一定有理由，失败一定有原因，我们不要为失败找借口，而是要积极寻找失败的原因。当一件事情没有达到我们预想的效果时，它一定是有原因的，找出原因并加以分析，我把它称之为对失败的反思。失败的反思往往能够更快地提升一个人的能力。

很多人失败以后就放弃了，而不去思考失败的原因，结果就会反复地失败。人们常说“失败是成功之母”，我们要善于在失败中学习，总结失败的经验教训，以避免以后再出现同样的错误。在失败中学习，我们学到的是使自己不失败的知识和能力，而当一个人具备了使自己不失败的能力以后，那么等待他的就只有成功了。

巴菲特早年喜欢赌马，有一次他赌马输光了所有的钱，后来，他从自己的失败中总结出了大多数人赌马的两个心理特点：一是一旦投资了就很难让自己停下来；二是输钱的人总是想以更大的投资来赢取更多的钱。于是进入股市后，巴菲特只做两件事：一是选择有价值的股票进行投资买入；二是在合适的时机将其卖出。而他做这两件事情的根据就来源于他赌马的经验，那些经验告诉他：操作越多，风险越大。

有一次，巴菲特以每股1.4~1.6块港币的价格大量买入中国石油股票，直到中国石油的股票价格达到10块港币左右的时候全部卖出。在他卖出后，中国石油的股价继续上涨，最高达到14块港币。这时有记者问巴菲特是否因为过早卖出而后悔，巴菲特说涨到11块时就后悔了，不过既然已经卖出了就不多想了，因为炒股的人永远都别想在最低点买入，在最高点卖出。

巴菲特之所以能够在利益诱惑面前坚守自己的原则，就是因为他经历过失败的教训，并且将其牢记在心中，使自己以后绝对不再犯同样的错误。而我们很多人却无法做到像巴菲特那样，同样的错误他们总是一犯再犯，被一块儿石头绊倒不止一次。

在职场中，我们也要重视对失败的反思，从失败中找经验。最重要的是要多找自己的原因，因为很多事情是我们没有办法掌控的，我们能掌控的只有我们自己，我们要通过改变和提高自己来适应不同的职场要求。

有一个房地产中介连锁公司销售部的员工，他的业绩在分店里几乎是最优秀的，他有很多次都获得了销售冠军。后来，公司开了很多家分店，很多当时和他一起进公司的人都被提升做了分店店长，但是因为他只有高中文凭而没有得到提升，仍旧是一个普通销售员。他心中非常不快，于是就去请教一位职业培训师。

那位职业培训师对他说："职场就是商场，客户和老板就是你的买家，如果你想得到更多的薪水，就得为他们创造更多的价值，也就是做更多的业绩，这一点你做到了。现在如果你想拥有更高的职位和更多的机会，首先要清楚谁是你的买家，谁的决定可以使你当上店长。如果是老板，那么你就主动地去与老板沟通一下，要了解老板的需求，也就是你的老板是如何选择店长的，店长需要有什么条件，然后你就需要有针对性地提高自己。当你具备了老板选择店长的条件，机会到了，你自然就可以被提升为店长了。”

后来那位员工按照培训师说的去做，他发现原来老板之所以没有提升他为店长，是因为他文凭太低了，所以他便利用业余时间考取了大学文凭，最终，他如愿以偿地被提升为一家分店的店长。

对失败进行反思，从失败中发现自己的不足，然后有针对性地去弥补自己的不足，相信我们最终都会取得成功的。

在职场中，要重视对失败的反思，要做到一切从改变自己开始，不抱怨他人，不抱怨环境。当遇到失败的时候，要了解成功所必需的条件，然后相应地改变自己、发展自己，让自己成为一个优秀的人，一个具备成功所必需的条件的人，这样，我们自然就可以获得职场上的成功。

让所学的知识学以致用

学习是为了更好地指导工作和生活，不能为了读书而读书，要学会掌握活的知识。学习不能致用，那么学习也就失去了意义。

在职场中，我们需要不断地学习，提高自己的能力以适应不断发展变化的工作要求，知识技能的提高决定着我们的职业发展。但是，学习需要结合我们每个人自己的实际情况，有的放矢，这样才能使我们更好更快地学习到与自己所从事的专业相关的知识信息，才能不落伍。

概括来说，一个人职业能力的不足，主要有两种情况，一是职业气质与职业本身不符；二是知识更新跟不上快速发展的社会需求。针对第一种情况，需要我们根据自己的职业气质、职业能力、职业倾向性等因素，明确自己职业生涯的发展目标，找到与自己的职业价值观匹配的职业。而对于第二种情况，我们可以通过专门的职业培训，接触和掌握新的知识来增强自己的能力。在“充电”的时候，要求我们首先分析自己的实际情况，清楚自己是因为职业气质和职业不符导致的自己能力不足，还是因为自己的知识储备跟不上社会发展的需求，然后“对症下药”，选择学习的方式和确定学习的目的。学习要有针对性，切不可盲目学习。

小柳从某大学市场营销专业毕业后进入了一家企业做市场工作，主

要是从事市场策划和宣传、市场调查和研究等工作。后来，他看到很多人从国外学习回来后身价倍增，于是就辞去工作，出国研读MBA。

两年后，学成归国的他对前途充满信心。他凭着海外留学的背景进入了一家外企，企业高层对他评价很高，希望他能为公司创造更多的价值。公司安排他做董事长助理，工作相对比较清闲，但他的所学并没有获得运用。所以他又辞职了，进入了另一家企业，但很多问题也接踵而来。首先，他的工作不被部门经理认可；之后，老板又认为他“能力低”，空有满腹知识，但是没有实践能力。迫不得已，小柳又一次辞职了。

从小柳的经历我们可以发现，实践才是最好的老师，并不是所有的知识都来自于书本，实践经验对工作来说更加重要，只有坚持不断地实践，才能将学到的东西真正运用到工作中。满腹经纶但不知道如何运用的人，和无知的傻瓜没有什么分别。

同时，学历不等于能力，将自己学历所代表的知识运用到工作中，利用自己掌握的知识切实解决问题才是真正的有知识有能力。

很久以前，有一位因高超的射箭技术而闻名于世的猎人，他可以一箭就射中在高空中飞翔的雄鹰的眼睛，人们都尊称他为“猎神”。

猎人有一个儿子，猎人对儿子寄予了很高的期望，希望他可以继承自己的衣钵，学到自己高超的射箭技术。因此，猎人经常把自己多年来打猎积累的经验讲给儿子听。他的儿子也没有辜负他的期望，将父亲的经验牢记在心里，不久就对各种动物的习性、射箭的技法了然于胸。猎人于是放心地将自己曾用过的弓箭交给了儿子，让他独自到深山中去打猎。

但是，还不到一天的时间，猎人的儿子就背着弓箭回来了。原来，猎人的儿子到了深山里以后，发现自己能说出看到的每一个动物的习性、弱点、捕猎它们所要注意的事情，但是他却没有办法拉开弓箭。猎人听了儿子的叙述后悔不已，因为这些年来，他把如何扎营、如何与不同的动物周旋都清清楚楚地讲给了儿子听，并要求儿子能对这些技能倒背如流，唯独没有让儿子实际拉弓射箭。最后，猎人语重心长地对儿子说：“这都是我的过错，我只是教给你理论知识，却没有亲自带你去实践。而很多知识正是需要亲自实践才能学为所用啊。”

学习是为了更好地指导工作和生活，不能为了读书而读书，要学会掌握活的知识。学习不能致用，那么学习就毫无意义，学了也等于白学。

“纸上得来终觉浅，绝知此事要躬行。”理论能指导我们的行动，实践能提高我们的能力，只有将它们结合起来才能促进我们进步。因此，在掌握理论的同时，必须养成经常动手的习惯，通过亲自实践来印证或修正、补充和完善理论，这样才能真正达到学习的目的。

第六章　不找借口：职场中用行动说话

在工作中，我们经常会遇到各种困难和问题，但是很多人在这些困难和问题面前往往会因为自己的懒惰、不自信等原因，找出各种各样的借口。其实，这是屈服于困难的一种表现，找借口最终会导致自己走进败局。反之，如果我们把困难和压力当成自己发展的机遇和动力，那么，我们的成功也就指日可待了。

找借口就是懦弱退缩

经常找借口会让自己产生懈怠的思想，反映到工作中就是经常会敷衍了事。经常找借口会让一个人的工作停滞不前，也会影响公司的长远发展，所以，在公司进行人员调整时，那些经常为自己找借口开脱的人自然更容易面临被解雇的危机。

在职场中，有些员工总是习惯为自己做错的事或者自己不愿意做的事找借口，其实这些借口正是他们不敢面对自己的失误、不敢挑战困难的懦弱表现。

有的时候，一两次找借口也许不会对个人和公司造成太大的影响，但是经常找借口会让自己产生懈怠的思想，反映到工作中就是经常会敷衍了事。经常找借口会让个人的工作停滞不前，也会影响公司的长远发展，所以，在公司进行人员调整时，那些经常为自己找借口开脱的人自然更容易面临被解雇的危险。

其实，每个人都拥有成为优秀员工的潜能，但是这些潜能需要我们自己去挖掘，需要我们在面对错误和困难的时候敢于承认自己的错误、敢于战胜困难。职场中总是会为那些懂得努力工作、勤奋拼搏、面对困难勇于出击不退缩的人大开绿灯的。

小陈大学学的是法学专业，大学毕业以后他就想参加司法考试，

因为，对于法学专业的毕业生来说，只有通过司法考试才能在法律这个专业领域中找到比较好的工作。于是小陈买了很多参考书，信誓旦旦地说要好好复习，一定要一次通过司法考试！但实际上，小陈只有三分钟热度，他煞有介事地看了几天书之后就以工作忙、考试内容太多等原因放弃了，那些参考书也被他堆在角落里，不久就落满了灰尘。很多年过去了，尽管司法考试很难通过，但是小陈的很多同学经过艰苦的努力都陆续通过了。后来，他们有的成了有名的律师，有的成了法官或者检察官，而小陈依旧是一个小公司里普通的小职员。

其实，小陈那些借口正是他不愿意积极面对难度比较大的司法考试的表现。众所周知，司法考试考查的内容十分广泛、涉及的知识点繁多，有人甚至称它为“中国最难通过的考试”。正是这些困难让小陈产生了畏惧心理，所以，他为了使自己没有通过司法考试有一个理所应当的理由，就一直为自己找借口，而这些借口恰恰是他面对困难时懦弱退缩的表现。

任何人的一生都不是一帆风顺的，每个人在自己的人生旅途中，都会遇到这样那样的困难、挫折和失败。面对挫折和失败，有些人总是能够不屈不挠、坚忍不拔地走下去，他们从来不给自己找借口，因为他们知道借口只会消磨自己的斗志，使自己丧失奋斗的勇气和进取的信心；而有些人则消极逃避，不敢正视困难和挫折，他们习惯找各种理由为自己开脱，使自己逃避责任。

西汉时期的匡衡小时候非常喜欢读书，但是他家里很穷，买不起书，只好借书来读。在那个时候，书是非常贵重的东西，一般有钱人家才有书，而且有书的人都不肯轻易将书借给别人。匡衡就在农忙的时候给有钱的人家打短工，他不要工钱，只求人家能借书给他看。

过了几年，匡衡长大了，成了家里的主要劳动力。他一天到晚都在地里干活儿，只有中午休息的时候才有时间看一点书，所以一卷书常常要很长时间才能够读完。匡衡很着急，心想：白天种庄稼，没有时间看书，我应该多利用晚上的时间来看书。可是匡衡家里很穷，买不起灯油，晚上没有灯怎么看书呢？有一天晚上，匡衡躺在床上在心里回想白天读过的书，突然看到东边的墙壁上透过来一线亮光。他站起来走到墙边一看，原来那亮光是从壁缝里透过来的邻居家的灯光。于是，匡衡想了一个办法：他拿了一把小刀，把墙缝挖大了一些。这样，透过来的光亮也大了，他就凑着透进来的灯光，读起书来。经过这样刻苦地学习，匡衡后来成了一个很有学问的人。

可见，一个人要想脱离平凡，一方面要靠自己的才能，另一方面，也是最重要的一方面就是要有进取心，遇到困难不退缩，积极想办法克服困难。成功的机会总是喜欢眷顾那些积极主动、刻苦努力的人。

同样，作为一名员工要想使自己比其他人优秀，要想在职场竞争中脱颖而出，也需要积极努力，遇到困难时不要只想着给自己找一个冠冕堂皇的借口推脱，多想想解决问题的办法。在困难面前懦弱退缩的人，是永远无法摘到成功桂冠的！

美国成功学家格兰纳特说过这样一段话："如果你有自己系鞋带的能力，你就有上天摘星的机会！让我们改变生活的态度，把寻找借口的时间和精力用在努力工作上，因为工作中没有借口、人生中没有借口，成功永远不会属于那些寻找借口的人！"

找借口就是推卸责任

“不为失败找借口，只为成功找方法。”与其费尽心机编织借口，不如好好想想解决问题的办法，不推卸责任、主动承认错误，我们的工作就会顺利得多。

在职场中，为自己的过错找借口从一定程度上说其实就是在推卸责任。一个人面对自己的错误，是积极主动地承认，承担起自己应负的责任，还是利用各种借口为自己开脱，都直接反映了一个人的工作态度和职业素养。

面对失败或者过错时，为自己找借口或许可以暂时逃避困难和责任，获得一时心理上的轻松，但是一旦形成轻易为任何事情都编织借口、推卸责任的习惯，将给我们的生活和工作带来很大的危险。

拿破仑说过：“找借口掩饰失败，和懒惰的习惯一样古老，而且是成功的致命伤！”在职场中，积极的人总是为自己的过错找原因，消极的人则总是为自己的过错找借口。一个总是为自己的过错寻找借口的人，肯定也是一个永远都不会成功的人！

汤米是一家公司的项目经理。有一次，公司安排他和他的助理去谈一项有很大难度的项目。汤米觉得这个项目难度太大了，几乎不可能谈下来，所以，出差的时候，汤米借故说自己身体不舒服，没有办法去谈

判，就委托自己的助理去和对方谈，他自己则在出差的城市痛痛快快地休闲了几天。

最终，这个项目没有谈下来。回到公司后，他害怕公司高层追究他的责任，就首先跟公司总裁解释说，那天自己突发疾病，没有办法去谈判，所以就派自己的助理去和对方谈这个项目，项目没有谈下来完全是因为助理的原因。但是纸包不住火，最终总裁知道了这件事情的真相，于是毫不犹豫地将汤米辞退了。

任何上司都能够容忍自己的员工犯错，因为人无完人，但是任何一个上司都无法宽恕自己的员工推脱责任，为自己的失误找借口。因为，一个员工对待错误的态度直接反映着他的敬业精神和道德品行。一个称职的员工，应该勇于承担自己的责任，而不是千方百计找理由推脱责任。

艾克松集团的副总裁爱德·休斯说："如果工作中出现的问题是自己的责任的话，就应该勇于承认，并设法改善。慌忙推卸责任并置之度外，以为老板不会察觉，未免太低估老板了。我不愿意让那些热衷于推卸责任的员工来做我的部下，这会使我不踏实。"

对于任何人来说，推脱责任都是有害无益的，它会断送一个人的前途，并注定一个人平庸的结局。所以，要想成为一名优秀的员工，就要竭力避免推卸责任的言行，形成主动承担责任的好习惯。

20世纪末，在美国德州瓦柯镇一个异端宗教的大本营内，发生了一起邪教徒的父母被毒害的事件。同时，在这次事件中，有10名正在查案的联邦调查局的探员也遭到杀害。因为这次事件，美国司法部部长珍纳·李诺在众议院遭到许多议员的愤怒指责，他们认为她应该为这起惨剧负责。

面对千夫所指，珍纳勇敢地说："我从没有把那些人的死亡合理化。各位议员，这件事带给我的震撼远比你们想象的要强烈得多。的确，那些人的死我都难辞其咎。不过，最重要的是，各位议员，我不愿意加入相互指责的行列。”很明显，她愿意承担起所有的责任。珍纳·李诺主动接受人们的谴责，并愿意一个人独担责任，使议员们深深为之折服，群众也因她的言行而深受感动，对她大加赞扬。

可见，面对错误和职责，积极主动地承认错误、承担责任是解决问题最有效的办法和途径。“不为失败找借口，只为成功找方法。”与其费尽心机编织借口，不如好好想想解决问题的办法，不推卸责任、主动承认错误，我们的工作会顺利得多。

无论你从事什么职业，也无论你处在什么职位上，当你犯错误时，请不要再为自己找借口，推卸责任，因为你的工作不需要借口，你的上司更不允许有借口，再完美的借口对于事情本身没有丝毫的用处。许多人在职场上的失败往往就是那些看似完美的借口导致的。

找借口是最大的失败

美国前总统西奥多·罗斯福说："克服困难的办法就是找办法，而且，只要你找，就一定有办法。"没有什么改变不了的事情，有时候我们之所以觉得困难，觉得有些事情无法解决，往往是因为我们内心的懒惰在作祟。

一个人之所以总是为自己寻找借口，往往是因为他具有拖沓、懒惰、缺乏自信、没有责任心等性格或者习惯上的缺点，而性格或者习惯上的缺点是一个人最大的敌人，它们时时处处影响和羁绊着一个人发展的脚步，阻止他的进步甚至会使他倒退。一个人要想战胜困难，应该首先战胜自己的弱点，一个连自己都无法战胜的人是无法战胜任何困难的。为自己的性格弱点找借口的人永远都不能正视自己的弱点，因此他就无法战胜自己。一个善于为自己找借口、不能战胜自己的人是最大的失败者。

罗斯福小时候长着一副暴露在外而又参差不齐的牙齿，人们见了他总要嘲笑他的牙齿。但是，罗斯福从来没有把别人的嘲笑放在心上，他从不因为自己的缺陷而自暴自弃。而恰恰是这些缺陷激励着他去奋斗，针对自己的缺陷——他努力加以改正。在演说中，他学会巧妙地利用他沙哑的声音、利用他那暴露在外的牙齿来说明问题，这些本来足以使演说一败涂地的缺陷，后来竟变成了使他获得巨大成功的不可缺少的条件。经过不懈的努力，最终，他成了深受美国人民爱戴的总统。

美国前总统西奥多·罗斯福说："克服困难的办法就是找办法，而且，只要你找，就一定有办法。"没有什么改变不了的事情，有时候我们之所以觉得困难，觉得有些事情无法解决，往往是因为我们的内心在作祟。所以，这时候我们就会通过找借口来使自己的内心平衡，使自己觉得那些事情自己没有解决是理所应当的，最终，我们就真的因为那些"解决不了"的事情而失败了。

曾经，石油公司焊接石油罐都是先让石油罐在输送带上移动到旋转台上，然后焊接剂便自动滴下，沿着盖子滴一周，这样，石油罐盖就焊接好了，但是这样的焊接技术耗费的焊接剂很多。美国的一家石油公司一直想改造这项技术，但又觉得太困难，试过几次都没有成功也就放弃了。后来有一位青年到这家公司工作，他的主要任务就是巡视并确认石油罐盖有没有自动焊接好。而这位青年认为一定能找到改进焊接技术的办法，于是他每天都细心观察罐子的旋转，并思考改进的办法。

通过观察，他发现每次焊接剂滴落39滴，焊接工作便结束了。他突然想到：如果能将焊接剂减少一两滴，不就可以节约成本了吗？于是，他经过一番研究，终于研制出37滴型的焊接机。但是，利用这种焊接机焊接出来的石油罐并不十分完美，偶尔会有漏油的现象。那位青年并不灰心，又开始寻找新的办法，后来他研制出了38滴型的焊接机。这项技术非常完美，公司对他给予了很高的评价。因为，正是每焊接一个石油罐所节约的这"一滴"焊接剂给这家公司带来了每年5亿美元的新利润。这位青年，就是后来掌握全美制油业95%实权的石油大王——约翰·戴维森·洛克菲勒。

所以，一个人要想战胜困难，就先要战胜自己内心的障碍，使自己内心坚信没有什么解决不了的问题，这样，他才能放开思想去思考、放开手脚去实践，从而找到解决问题的办法。

同样，在工作中，我们要坚决改掉自己找借口的坏习惯，不让自己的思想和行动囿于那些借口之中。战胜自己的懦弱、懒惰、拖延，面对困难的时候不为自己找任何借口，这样我们才能战胜更大的困难，最终走向事业的成功。

借口衍生拖延的坏习惯

那些习惯为自己找借口的人，最终都会形成拖延的习惯，而因为拖延他们无法按时完成工作，又会为自己找借口、编造各种理由，如此恶性循环也就形成了。

习惯为自己找借口会助长一个人拖延的坏毛病，而拖延的习惯则会影响一个人的工作，使他的工作不能按时保质保量地完成。在企业中，领导不会喜欢总是为自己找借口的员工，更不会喜欢拖延的员工，因为拖延是一个人工作进步的最大障碍，也是一个企业发展中最可怕的敌人。

拖延会导致一系列恶性后果。在企业中，一名员工对自己的工作，不管拖延多久，最后该他做的事情还是要自己去做，没有人会主动帮助他完成。而每拖延一分钟，他做这件工作的时间就会少一分钟，相应地，他的工作效率也就降低了，没有一个领导是喜欢工作效率低下的员工的。而且，这个拖延的过程中，由于他的拖延，导致工作时间紧迫，会使他的心理上产生很大的压力，最终他会疲惫不堪，以致没有足够的精力去很好地完成工作。

1989年3月24日，埃克森公司的一艘巨型油轮在阿拉斯加海域触礁，导致油轮上的大量原油泄漏，给周围的生态环境造成了很大的破坏，但是埃克森公司却一直拖延采取行动来尽量减少原油泄漏造成的损失，以致引发了一场“反埃克森运动”，这件事情甚至惊动了当时的布什总统。最后埃克森公司因为这件事情给当地的海洋环境造成了巨大的破坏，公司也因为这件事情损失了几亿美元，而且因为他们的拖延行动使公司在人们心中的形象严重受损。

可见，拖延不仅会使自己遭受更大的损失，而且会降低一个人或者一个企业在公众心目中的形象，使人们对其失去信任，由此造成的损失将不可估量。

优秀的员工做事从不给自己找借口，从不拖延。在日常的工作中，他们知道自己的职责是什么，在领导交办工作的时候，他只有一个回答：“是的，我立刻去做！”而工作态度懈怠，习惯于为自己找借口的员工在面对领导交办的工作时，总是拖拖拉拉，或者为自己找这样那样的借口，行动力极差，最终误事误己。

这是美国独立战争时期的一个真实的故事：

曲仑登的司令雷尔命人送信给凯撒，报告他说华盛顿已经率领军队渡过了特拉华河。但是当信使把信送给凯撒时，他正在和朋友们玩牌，就把那封信放在了自己的衣袋里，等玩完牌以后才开始阅读那封信。读完信后，他才知道大事不妙，然而，等他去召集军队的时候，已经太晚了。华盛顿已经率军赶到了凯撒的营地，最终，凯撒全军被俘，连自己的性命也丧失在敌人的手中。

解决拖延最好的办法就是不让拖延出现，遇到任何事情都要立即行动，不要像凯撒一样等到最后已经来不及的时候才开始行动。虽然，我们也许不会像凯撒一样因为拖延丢掉性命，但是，我们却会因为拖延丢掉自己的工作，甚至毁掉自己的前途。

那些习惯为自己找借口的人，最终都会形成拖延的习惯，而因为拖延他们无法按时完成工作，又会为自己找借口、编造各种理由，如此恶性循环也就形成了。更重要的是，他们的这种行为，其实就是在不断地进行欺骗，欺骗自己、欺骗领导。当然，这样的人不可能成为合格的员工，更不可能成为优秀的员工，他们对美好人生的设想最终也都会成为虚无的“妄想”。没有任何公司会雇用拖延成性的员工，所以，那些拖延的人终其一生，都不会找到发挥自己才能的机会。

错了就不要再找借口

在职场上，一个敢于承认自己错误的员工，一定是一个能够突破自己，在工作和事业上都能够有一番创造和作为的好员工。在领导的眼中，一个敢于承认自己的错误的员工，也是一个值得培养的好员工。

“人非圣贤，孰能无过。”在工作中每个人都难免会犯一些错误。面对错误，很多人虽然知道自己错了，却没有勇气承认，或者把犯错的理由归结于其他的因素，因为他们害怕因为自己承认错误而受到老板的责罚。但是有些人却能够勇敢地站出来向老板承认自己的错误。

其实，一个有勇气承认自己错误的人，不仅能消除罪恶感和自我辩护的气氛，而且有利于解决实质性问题。有时候，当你勇敢地向领导承认了自己的错误，你得到的反而不是责备和惩罚，而是赞赏和重视。

约翰是一家公司经理，他在给一位请病假的员工核验薪水时犯了个错误，给了他全薪。约翰发现这个错误之后，就告诉那位员工要他纠正这个错误，他将在下次发放工资时从那位员工的工资中减扣这个月多发给他的那一部分。但是，那位员工说这会给他带来很多麻烦，因此请求约翰分多期扣除多发给他的工资。但是这样做必须获得老板的批准。

约翰意识到这一切麻烦都是由他的粗心造成的，所以他决定向老板承认错误。当约翰把这件事告诉老板以后，老板对着约翰大发雷霆，老板责备人事部门的工作人员工作不认真，又责备财务部门的人工作不负责任，但是约翰一直坚持这是自己的错误，是自己没有把好关。最后，老板对他说："那你就去改正自己的错误吧！"最终，这个错误得到了改正，而且没有再给任何人造成更大的麻烦。

从那以后老板认为约翰能够勇敢地承认错误，是一个有担当、有责任感的好员工，因此也更加重视他了。

一个敢于承认自己错误的员工，往往都会获得领导的谅解，让领导觉得他是一个诚实、谦卑、高尚的人，是一个值得信任和重用的人。相应地，一个犯了错误总是推卸责任、找借口的人会让人对他产生很坏的印象。所以，如果你错了，请迅速坦诚地承认。迅速而真诚地承认自己的错误，不仅能产生惊人的效果，而且要远远胜过你为自己辩护和为自己的错误找借口。在职场上，一个敢于承认自己的错误的员工，一定是一个能够突破自己，在工作和事业上都能够有一番创造和作为的好员工。在领导的眼中，一个敢于承认自己的错误的员工，也是一个值得培养的好员工。

美国第一任总统华盛顿出生在一个大庄园主家庭中，他家的果园里长满了果树，但是果树中生长着一些杂树。这些树不结果实，影响着其他果树的生长。一天，父亲递给华盛顿一把斧头，要他把影响果树生长的杂树砍掉，并再三嘱咐他，一定要注意安全，不要砍倒自己，也不要砍伤正在结果的果树。

在果园里，华盛顿挥动斧子，很用力地砍起来。突然，他一不留神，砍倒了一棵樱桃树。他害怕极了，怕父亲知道了会责怪他，所以他把砍断的树堆在一起，将樱桃树掩藏了起来。

傍晚，父亲来到果园，看到了地上撒落的樱桃，就猜到是华盛顿不小心把樱桃树砍断了，尽管如此，他却装作不知道的样子，看着华盛顿堆起来的树说："你真能干，一个下午不但砍了这么多树，还把砍下来的杂树都堆在了一起。"听了父亲的夸奖，华盛顿的脸一下子红了。他惭愧地对父亲说："爸爸，对不起，只怪我粗心，不小心砍断了一棵樱桃树。我把树堆起来是为了不让您发现我砍断了樱桃树。我欺骗了您，请您责备我吧！"

父亲听了华盛顿的话之后，哈哈大笑，高兴地说："好孩子！虽然你砍掉了樱桃树，应该受到批评，但是你勇敢地承认了自己的错误，没有说谎或找借口，我就原谅你了。你知道吗，我宁可损失掉一千棵樱桃树，也不愿意你说谎逃避责任！"华盛顿不解地问："承认错误真的那么珍贵吗，能和一千棵樱桃树相比？"

父亲耐心地说："敢于承认错误是一个人最起码的品德。只有敢于承担责任的人才能在社会上立足，才能取得别人的信任。看到你今天的表现，我就放心了。以后把庄园交给你，你肯定会经营好的。"

华盛顿一直牢记着父亲的教导，他一生都把勇于承担责任作为自己的人生信条。后来，这个故事传遍了整个美国，影响了一代又一代的美国人。

在工作中，我们每个人都有可能由于一时的疏忽导致不小的损失，如果持有一种正直、务实的心态，宽厚、通达的胸怀，像华盛顿一样勇敢地承认自己的错误，就能得到领导的谅解，我们也能从中吸取教训，取得可喜的进步。

犯了错误要能做到不敷衍塞责、不推卸责任、不找借口，勇于承认自己的错误。知错就改，犯了错就要积极地去改正，一个能够积极改正自己错误的员工，懂得抓住每一个能让自己前进的机会。相信你的老板更喜欢那些坦诚、忠实的员工，而不是嘴上认错、行动不改的"虚无"作风派。

俗话说，不要被同一块石头绊倒两次。倘若不能杜绝错误的再次发生，那么，你将永远不能前进。歌德说过："最大的幸福在于我们的缺点得到纠正和我们的错误得到补救。"敢于承认错误，在错误中吸取经验教训，我们就能以崭新的面貌去迎接更加激烈的竞争和挑战。振奋起来，做一个有责任感的人吧！不要再为自己的错误找借口，勇敢地面对自己的不足和错误，你会变得更加优秀！

端正自己的工作态度

与其整日毫无意义地发牢骚，不如积极地去面对，换个角度看，换种思路想，端正自己的工作态度，你会发现情况并不像你想象的那么差。

在职场中，总有一些喜欢抱怨的人，他们抱怨领导，抱怨客户，抱怨同事，抱怨工资，抱怨福利。可是，更多的时候，抱怨是无济于事的。没有人愿意和一个絮絮叨叨、满腹牢骚的人在一起相处。太多的抱怨通常只能证明一个人缺乏能力、无法解决问题，正因为这样，他才会将一切不顺利归于种种客观因素。如果你的上司见你整日牢骚不断，恐怕他会觉得你做事太被动，不足以托付重任。所以，与其整日毫无意义地发牢骚，不如积极地去面对，换个角度看，换种思路想，端正自己的工作态度，也许你会发现情况并不像你想象的那么差。

微软总部的办公楼里有一位临时雇佣的清洁女工，在整个办公楼几百名雇员里，她是唯一一个没有学历的人，也是工作量最大，拿薪水却最少的人。

可是她却是整座办公楼里最快乐的人！

每一天，哪怕是每一分钟，她都在快乐地工作。她对任何人都面带微笑，对任何人的要求，哪怕不是自己的工作职责，她也是愉快并努力地去完成。

比尔·盖茨了解了她的事情以后很吃惊，忍不住去问她："能告诉我是什么让您如此开心地面对每一天吗？"

"因为我在为世界上最伟大的企业工作！"女清洁工自豪地说，"我没有什么知识，我很感激公司能给我这份工作，这让我有不菲的收入，足够支持我的女儿读完大学。而我对这美好现实唯一可以回报的，就是尽一切可能把工作做好，一想到这些，我就非常开心。"

比尔·盖茨被女清洁工那种自豪的情绪深深打动了，他动情地说："那么，您有没有兴趣成为我们当中正式的一员呢？我想您是微软最需要的！"

"当然，那可是我最大的梦想啊！"女清洁工激动地说。

此后，女清洁工开始用工作的闲暇时间学习各种相关知识，而公司里的任何人都乐意帮助她。几个月以后，她成了微软的一名正式雇员！

一个清洁女工尚且有如此高的觉悟，那些抱怨自己工作不好，总羡慕别人，这山望着那山高的人，还有什么理由不珍惜自己的工作呢？每个人要想实现自己的价值都需要一个平台，而你的公司和工作就是帮助你实现自己价值的那个平台，如果你在自己的工作中，创造出了巨大的社会财富，你也就成了无数人羡慕的对象，也就实现了自己的价值。

或许你的生活和职业真的不能让你满意，但是想一想，如果只是一味地抱怨又有什么用呢？与其把时间浪费在毫无意义的抱怨中，不如勇敢、坦然地面对现实，并通过自己的积极努力去改变它！

一只云雀在空中飞累了，落在海中的一块礁石上休息。一条银白色的带鱼看到了云雀，很羡慕地对云雀说："你能够在蓝天白云间自由地飞翔，俯视地面上的美景。我真羡慕你！"

云雀摇摇头，说："其实事情并不像你想象的那么好呢。天有不测风云，一旦暴风骤雨突然袭来，我的处境就十分危险了。即使在阳光明媚的时候，我也丝毫不能放松警惕，因为凶猛的老鹰随时都会对我们发起突然袭击。”

带鱼说：“不管怎样，我就是觉得在天空中生活比在海洋中好得多。”

云雀对带鱼说：“我早就听说海洋是一个童话般美妙神奇的世界，海底有漂亮的珊瑚、海藻，还有各种各样美丽可爱的鱼儿。你生活在这么美好的环境中，该是多么舒畅快乐啊。我真羡慕你！”

带鱼一边游动长长的身体，一边说：“其实事情并不像你想象的那么好呢。海洋是一个不太平的世界，海底危机四伏，凶恶的鲨鱼随时都会向我们这些弱小的鱼类发起攻击，我每天都过着提心吊胆的日子！”

云雀说：“不管怎样，我就是觉得在海洋中生活比在天空中好得多。”

海豚听了云雀和带鱼的对话，游了过来，对它们说：“不要羡慕别人，你所拥有的，正是别人羡慕的，要珍惜自己所拥有的一切。羡慕和埋怨都毫无意义，我们应该坦然面对自己的生活。”

当我们想要抱怨生活抱怨工作的时候，不妨想一想故事中海豚的话，的确，我们需要珍惜自己所拥有的一切，羡慕和埋怨都毫无意义，我们应该坦然面对自己的生活。

“态度决定一切。”在工作面前，一个人的态度将直接决定他的表现和成就。同时，一个人的工作态度也反映着他的人生态度，不同的态度成就不同的人生。有什么样的态度就会产生什么样的行为，从而决定不同的结果，所以时刻保持一种积极上进的良好心态，才能更好地完成自己的工作，进而取得更大的进步和收获。

抱怨也是一种借口

在面对困难和失败的时候，消极的人首先想到的是抱怨，是为自己的无能找借口，而积极的人，首先想到的是如何去克服困难，弥补失败的损失。这就是为什么在遭受挫折和失败时有些人从此一蹶不振，而有些人却踏过阻碍勇敢地走下去，最终走向了成功的原因。

在我们日常的生活和工作中，经常能听到人们抱怨的声音：

“交通秩序太差了，以致我经常迟到！”

“这项工作太难了，简直没有办法做！”

“公司领导太苛刻了，总是让我做那么多事情。”

“竞争对手太强了，我没有办法得到这个职位了！”

……

其实，这些看似合理的说辞背后却隐含着当事人对困难妥协的心理态度。这些抱怨的语言通常是人们为自己的失败或者过失编织的各种看似合理的借口，他们通过这些借口来掩饰自己的懦弱和无能，其实是一种自欺欺人的做法，最终会给自己带来十分不利的后果。

华为公司总裁任正非说过：“狮子如果能追上羚羊，它就生存，如果它跑不过羚羊，只能饿死。羚羊如果抱怨不公平，那青草——羚羊的‘早餐’该向谁抱怨？羚羊还能跑，青草连逃跑的机会都没有！羚羊要想活下去，只有平时加强训练，提高奔跑的速度，让自己跑得更快，即使跑不过狮子，也要比其他羚羊跑得快，只有这样它才能得以生存。”

可见，无论是在生活中还是在职场中，一个人要想生存，首先就要做到不抱怨！

一位刚毕业的大学生去一家公司应聘，在参加面试的那天早上临出发的时候，他因为走得急，不小心碰翻了桌子上的牛奶，牛奶洒到桌子上，将他的简历弄湿了，但是面试的时间就要到了，他已经来不及再重新制作一份简历，于是他只好拿着那份被牛奶浸湿的简历去面试。最后，他没有通过面试，公司老板对他说：“对不起，我不能录用一个连自己的简历都保管不好的人。”

从那家公司出来以后，他有些失落，毕竟那是一份自己十分喜欢的工作，但是他觉得老板不录用自己完全是因为自己的过错，所以他没有任何怨言。

回到家以后，他非常认真地重新制作了一份简历，寄到了那家公司，并给那家公司的老板写了一封信，信中说：“贵公司是我心仪已久的单位。您对我近乎苛刻的要求，正反映了贵公司在管理上的认真与严谨，我想这也正是贵公司长久以来能够在商场中立于不败之地的原因。我一定铭记您的教诲，在今后的工作中尽心尽责、一丝不苟。”这位毕业生发自肺腑的话语，让那家公司的老板看到了他良好的品质，因此，老板亲自打电话通知他第二天去公司报到。

那位毕业生在遇到看似不公正的待遇后，首先想到的不是抱怨老板的不近人情，而是立刻采取补救措施，为自己制造新的机会，最终使自己获得了满意的工作。因此，在遇到困难或者看似不公正的对待的时候，与其抱怨客观环境或者其他人，不如先反省自己、改变自己，自己改变了，其他的事情可能也会发生相应的改观。

在生活和职场中，在面对困难和失败的时候，消极的人首先想到的是抱怨，是为自己的无能找借口，而积极的人，首先想到的是如何去克服困难，弥补失败的损失。这就是为什么在遭受挫折和失败时有些人从此一蹶不振，而有些人踏过阻碍勇敢地走下去，最终走向了成功的原因。

2004年5月的一个晚上，在万余名听众雷鸣般的掌声中，一位“半身人”用双掌撑地，一步步地“走”上了青岛天泰体育场的主席台。

这个人来自澳大利亚，名叫约翰·库缇斯，他天生没有下肢，但是他用双掌“走”遍了世界190多个国家和地区，被誉为“世界上最著名的残疾人演讲大师”。此外，他还是全大洋洲残疾人网球赛的冠军，是游泳健将，他甚至会开汽车。

库缇斯对在场的听众说：“从一出生我就是个悲剧，当时我只有矿泉水瓶这么大，两腿畸形，医生断言我活不过当天，可我活到了现在，35岁的我依然健在，而且经常在世界各地旅行……”

库缇斯的演讲持续了半个小时，其间，观众的掌声几乎没停过，在场的每个人都为他顽强的精神所感动和鼓舞。最后，库缇斯突然举起手里的一件东西说：“我非常感谢青岛朋友的热情招待，我住的宾馆条件非常好，但有一样东西让我不知所措，服务生每天都会把它放在我的床头。”原来，那是一双拖鞋。

“如果你能穿拖鞋的话，你是幸运的，你是没资格抱怨的！不是每个人都能够穿拖鞋的！”库缇斯大声说。听众席上立即爆发出一连串的喝彩声和长久不息的掌声。

当你遇到困难的时候，不妨想一想库缇斯的人生经历，想一想和他相比自己是否有资格抱怨，也许你会发现，那些你所要抱怨的事情，只是一些庸人自扰的烦恼和杂念。所以，学着去适应、去发现、去感受、去改变吧，你一定会摆脱抱怨的束缚，你的人生和事业也一定会像库缇斯一样成功和精彩！

不要给懒惰找借口

永远都不要给自己的懒惰找借口。只有勤奋才是打造我们人生和事业最好的工具，因为，“勤奋面前，一切皆有可能”。

懒惰是对人生的妥协，是对困难的让步。有些人为了使自己的妥协和让步显得理直气壮，总是喜欢给它们穿上看似合理的借口做成的外衣。这样，懒惰的人们的心里就会觉得平衡了一些，就减少了自己的负罪感。但是，正是因为这些借口，人们懒惰的天性变得越来越强大，最终误事误己，使自己在懒惰的侵蚀下越来越没有进取心，越来越敷衍了事，不求上进。

很多人认为，自己懒惰得很“聪明”，老板是不会发现的，所以他们常常以自己骗过了老板而沾沾自喜，其实，最终他们愚弄的是自己。每一个老板都十分清楚努力工作和敷衍工作的表现和结果，所以，那些懒惰、消极、逃避责任的人迟早会面临被淘汰的结局。

有一个人长得非常瘦削，他十分羡慕别人虎背熊腰的身材，于是决心锻炼身体，还为自己制订了锻炼计划。每天跑步多少米、做俯卧撑多少个、举哑铃多少次……每一项都列得十分详细具体。在计划的最后，他还附上了一句表明自己决心的话：严格执行，违者罚掉当日用餐，决不留情。

第二天早晨，天公不作美，大雨倾盆，他叹息着说："今天天气这么差，没办法锻炼身体了，明天再说吧。"结果，他美美地睡了个大懒觉。第三天早上天气不错，他在闹铃声中挣扎着起床后又觉得自己好像有点儿头疼，所以，他对自己说："我好像生病了，应该多休息才好。锻炼的事情明天开始也不迟。"于是他又倒头大睡了。第四天是星期天，他想，多难得啊，一个星期只有两天能够好好休息的时间啊，先让我睡个好觉吧……

就这样日复一日，每天早上他都能想出一个看似合理的借口来逃避锻炼，所以，多年以后，这个人依然没能成为一个身体强壮的人。

和那个想让自己变得强壮的人一样，在职场中，那些懒惰的人总能为自己的懒惰找出十分充分的理由，导致最终都不能把自己的本职工作做好。其实，一个人只要把他整天琢磨如何欺瞒他人和自己的时间和精力用到工作上来，他肯定能取得一番成绩。凡是有所成就的人，没有一个是懒惰者。他们总是勤劳奋斗，努力成就自己的事业和人生。

王羲之13岁那年，偶然发现家里藏有一本《说笔》的书法书，便偷来阅读。他父亲担心他年幼不能保密家传，答应待他长大之后再传授。没料到，王羲之竟跪下请求父亲允许他阅读，父亲很受感动，终于答应了他的要求。

王羲之练习书法很刻苦，甚至连吃饭、走路都不放过，真是到了无时无刻不在练习的地步。没有纸笔，他就在身上画写，久而久之，衣服都被画破了。有一次，他练字竟忘了吃饭，家人把饭菜放到他的手边，他竟头也不抬地拿起馒头蘸着墨吃起来。当家人发现时，他已是满嘴墨黑了。

王羲之还经常临池书写，就池洗砚，时间长了，池水都变成黑色的了，后来人们把王羲之洗砚的水池称为"墨池"。

经过几十年锲而不舍地刻苦练习，终于使王羲之的书法艺术达到了超逸绝伦的高峰，他也被人们尊称为“书圣”。

古罗马皇帝在临终时给他的后人留下了这样一句遗言：“懒惰是一种借口，勤奋工作吧。”

古罗马人有两个法宝，那就是勤奋与功绩，这是他们能够征服世界的秘诀。在古罗马，任何一个从战场上胜利归来的将军都要走向田间去劳作。古罗马最受人尊敬的工作就是农业生产，正是古罗马人的勤奋工作才终于使这个国家逐渐变得强大。

勤奋工作将会给我们带来机会，每一个老板都赏识勤奋工作的员工。勤奋是一种受人尊敬的美德，它能给我们带来财富和事业。无论你走到哪里、从事什么工作，勤奋都会为你的人生增光添彩。

主动出击，不怕做错

真正的勇者，面对看似不可能的事情时不是畏首畏尾，害怕失败，而是主动出击，不怕做错，因为他们知道：做了不一定会成功，但是不做就永远没有成功的机会。

职场上，很多人虽然颇有才华，具备种种受老板赏识的能力，但是他们有一个致命的弱点：不敢主动接受“不可能完成”的工作。当一件看似“不可能完成”的工作摆在他们眼前时，他们往往抱着唯恐避之而不及的态度，其实这正是他们害怕失败的一种表现。结果可想而知，那就是终其一生也只能平平凡凡，没有太大的建树。而那些勇于向“不可能完成”的工作挑战的员工，是职场中的勇士，他们也是最受老板们欢迎的人。

在成功者的字典里，没有“不可能”三个字，在他们的眼里，越是不可能做成功的事，越可能成功。他们面对看似不可能的事情时不是畏首畏尾，害怕失败，而是主动出击，不怕做错，因为他们知道：做了不一定会成功，但是不做就永远没有成功的机会。

20世纪70年代末，皮尔·卡丹到泰国开辟时装市场。但是泰国人思想保守，很长时间以来他们只穿民族服装，曾经有很多欧洲服装商到泰国推销服装都无功而返。很多人认为，让泰国人穿上他们的时装简直是不可能的事情。但是，最终，皮尔·卡丹做到了这件“不可能的事情”。

皮尔·卡丹在泰国召开的服装展销会几乎没有人光临，但是皮尔·卡丹坚信：爱美之心，人皆有之，泰国人也爱美。后来，他对服装款式进行了改革，设计出符合泰国人特点的服装。然后，皮尔·卡丹说服了泰国服装联合会一位漂亮的小姐试穿时装，当这位小姐穿着皮尔·卡丹设计的时装出现在同事们面前时，同事们被她的美丽惊呆了。皮尔·卡丹让随行的摄影师拍下了那位小姐的时装照。然后，皮尔·卡丹与泰国的纺织商、服装经销商进行了广泛的接触，用那些照片说服他们。慢慢地，皮尔·卡丹的时装在泰国畅销起来。

皮尔·卡丹常说：“如果只是把产品卖给需要的人，那只能算是在做生意；如果把产品卖给根本不需要的人，那就是开拓市场。”同样，在职场中，如果我们只是重复做那些我们有百分之百把握的事情，那我们最多只能让自己保持住现有的工作和薪水，而几乎没有获得更高职位和薪水的机会；而如果敢于挑战，敢于主动出击，去做那些“不可能完成”的事情，我们不仅可以提高自己的工作能力，激发自己的潜能，而且可以有更大的机会为自己的职场开拓更大的发展空间，为我们获得更高的职位和薪水创造条件。

很多事实证明，“不可能完成”的事通常是暂时的，只是人们一时还没有找到解决它们的方法。所以，当遇到难题或困难时，永远不要让“不可能完成”束缚了自己的思想和手脚，有时候只需要再向前迈进一步，再坚持一下，“不可能完成”就会变成“可能完成”。而成功者之所以能成功，就是因为他们对“不可能完成”多了一分不肯低头的坚韧和执着。

福特汽车公司的创始人亨利·福特决定生产V-8型引擎。这是一个创造性的想法，在当时，连底特律最杰出的工程师都认为这是不可能的，“要将8只汽缸铸成一个整体，这怎么可能呢？”但亨利·福特决定无论如何也要生产这种引擎。他对自己公司的工程师们说：“只要去做，没有什么是不可能的。”一年过去了，在这一年里，工程师们几乎用尽了所有的办法，但是始终无法攻破技术难关。他们找到福特再次强调“这件事根本不可能实现”。但福特并没有灰心，他命令工程师们继续去研究。终于，在经历了无数次的失败之后，他们找到了解决问题的办法，最终设计出了V-8型引擎。

“只要有无限的热情，几乎没有一样事情不可能成功。”总是说这不可能那不可能的人，已经把自己困在一个不可能突破和成功的壁垒中，他们害怕失败，不愿意挑战，放弃尝试，而成功的机会最终也将他们放弃了。但是，那些不怕失败、敢于挑战的人，总是勇敢地向着不可能挥动手中自信和坚持的利剑，最终，他们披荆斩棘，在通往成功的道路上越走越远。

忘掉那些所谓的“不可能”，打破我们为自己设定的条条框框，从现在开始就勇敢地去挑战吧，你会发现这个世界上根本没有“不可能”的事情，同时，你也会发现一个全新的、敢于冒险、敢于挑战、不怕失败的自我。

学会服从，没有借口

“没有任何借口”是美国西点军校最重要的行为准则之一。它强调每一位学员都应该想尽办法去完成任何一项任务，而不是为没有完成任务去寻找借口。

民企治理专家曾水良先生认为：服从是一种美德、一种跨越，是一种操守，是一种财富，服从是人生最重要的品质。服从不谈条件，服从不讲回报，服从是一种义务，服从是一种责任！

一个人无论做什么事情都应该记住自己的责任，无论处在什么样的工作岗位，都应该对自己的工作负责，对于领导给予自己的任务都要全力执行，不找任何借口。

“坚决服从，没有借口”是一种完美的执行能力、一种工作的态度、一种负责敬业的精神，它体现了一名员工敬业、责任、服从、诚实的精神。

日本索尼公司的创始人盛田昭夫发现，在公司里，无论他走到哪里，几乎都能看见一个忙碌的身影。有一天，盛田昭夫按照惯例在职工餐厅和职工一起吃饭、聊天。忽然他又见到了那位他经常见到的一直忙碌的员工。于是盛田昭夫就主动坐到他对面，和他攀谈起来，而那位员工并不知道坐在自己对面的就是盛田昭夫。

盛田昭夫问他："你属于哪个部门？"

那位员工回答："第一技术部门。"

盛田昭夫又问："你觉得工作轻松吗？"

那位员工回答："不轻松。"

"那你为什么还会经常去执行其他部门的工作任务呢？"

那位员工说："因为工作需要，课长时常调我去其他部门工作。"

"那你认为课长这么做合理吗？"

"合理啊！"那位员工毫不犹豫地回答，"有的同事说这不合理，可是我认为我来索尼公司工作，是出于我的喜爱，我并不是在为课长干活，而是在为索尼工作，所以我绝对服从课长的一切命令。"

盛田昭夫听了他的一席话，感到十分震惊，他想，这样的员工正是索尼公司的财富啊。于是，盛田昭夫加强了员工管理体制，让那些没有借口积极服从的员工能够有更好的发展空间。那位第一技术部门的员工也很快成了那个部门的主管。

"视服从为天职"不仅仅是强调要遵守职业纪律，这也体现了一名员工的职业态度和正确良好的职业观。只要你还是企业的一员，就应当抛开任何借口，投入自己的忠诚和责任心，将身心彻底融入企业，尽职尽责，处处为企业着想。"视服从为天职"是一名员工积极工作、保持进取心、不轻易放弃自我的理由。也只有这样，员工才能严格地执行公司的各项规章制度，表现出卓越的责任意识，最终成为公司的精英人才，为自己和公司不断地创造出更加辉煌灿烂的未来！

阿尔·柯林斯出生在一个穷困的乡村黑人家庭。出于对海军生活的向往和憧憬，高中毕业后，他去当了一名海军。母亲亲自把他送上了开往新兵训练营的长途汽车，她的临别赠言让阿尔终生难忘："我只嘱咐你一句话：要想当杰出的领导者，只有先当出色的服从者。海军那些人知道该干什么，你只要按他们的吩咐去做，将来准有出息！”

阿尔从穿上军服的那一刻起，就开始把母亲的忠告付诸实践。他在新兵训练营的表现令人刮目相看。当他父母出席新兵受训结业典礼时，指挥官把他们拉到一旁说：“像他这样听话守纪律的新兵，实在难得！”后来，阿尔成了一名优秀的舰长。

许多年以后，阿尔说，他从未料到自己能干得如此出色：“不知我是太精还是太傻，除了一丝不苟地执行命令外，凡事我都想搞个水落石出。”阿尔坚定不移地贯彻自己的信念，最终，他取得了丰厚回报。

大多数有所成就的人，在他们的工作和学习中，都尽可能排除一切借口，因为他们知道，服从比谎言和欺骗更有意义和价值。在他们身上，我们会看到一种负责、敬业的精神，一种奋发向上的干劲。

优秀的员工在工作中从来不会有任何借口，他们总是能够认真对待领导交代的任务。一名员工如果能够坚决服从、远离借口，那么他就会离成功越来越近。